"Let's talk of graves,
of worms and epitaphs"

(William Shakespeare. Richard II (Act III.scII)

Acknowledgements

The authors would like to thank: Alexandre Boyer for his patience and knowledge, Olivier Brouzeng for his generous loans, Christian Régnier for his proficiency and competency, José Garcia for his computer science, Robert and Lars of Chisholm Larsson Gallery New York, for their contribution to the book, and last but not least Ghislain Uhry for his sensible advice.

© 2007 Queen Art Publishers Inc., New York

All rights reserved.
No part of the content this book may be reproduced in any manner whatsoever without written permission of the publishers.

Design and Graphic - Hadas Tagor
Production - Katherina Perry
Introduction by Israel Perry Ph.D
Essay by Jean-Louis Capitaine
Photography - John Lamka
Translation - Pierre Cottin
Printed in Israel, "Ravgon", 2007

ISBN 0-9712059-1-8

Queen Art Publishers Inc., 481 Washington St., New York, NY 10013
Tel. (212) 274 8185 Fax. (212) 925 0849
www.queenart.com queenart@hotmail.com

Beauty
and
The Beast

Movie Posters L'Affiche de Cinema

La Belle et La Bête

Israel Perry Ph.D Jean-Louis Capitaine

Introduction

The following publication is a mere fantasy, almost the outcome of a simple bet. The movie posters included in this collection have been gathered or even collected by me, a dealer in vintage advertising posters but an amateur in the movie poster industry, for my own personal pleasure. In fact, after buying more than two dozen movie posters, I noticed the repetition of a distinct image in which a man, a robot or even an animal is holding a woman in his arms. From an advertising point of view, this particular image reflects the enduring man-to-woman relationship, which is based on love, regardless of its kind. And this even applies when dealing with robots, who end up falling for these temptresses, the epitome of fragility and dependency..

Nevertheless, this persistence was troubling even though the point of view lacks originality. Being particularly interested in the scenes where passion played a central role, I very

Preface

Cette publication est une pure fantaisie presque sortie d'un pari. En tant que marchand d'affiches originales de collection mais au titre d'amateur d'affiches de cinéma, j'ai rassemblé toutes les affiches de cette collection, et ceci pour mon propre plaisir. De ce fait, après avoir acquis plus de deux douzaines de ce type d'affiches j'avais remarqué la répétition d'une image particulière dans laquelle un homme, un robot ou même un animal prenait une femme dans ses bras. Cette image reflète simplement, en termes publicitaires, la persistance d'un rapport homme-femme fondé sur l'amour quel que soit sa forme. Même lorsque l'on traite de robots, qui finissent par s'éprendre de ces séductrices, représentant l'essence même de la fragilité et de la dépendance. Toutefois cette persistance était troublante même si le point de vue manque d'originalité. Etant particulièrement intéressé par les scènes où la passion joue un rôle

quickly discovered that this posture had an evil twist which often appeared in posters for horror movies. Sucked into it, I started to accumulate these posters as well, including the ones for B series productions. I realized a bit too late just how many posters I was accumulating. What to do with all of this? This is precisely the origin of this avocation.

We tried to give a semblance of order to this somewhat heterogeneous collection and to let the commentary flow, without diving too much into a history of cinema. This has been the modest objective of this publication: This, along with the avoidance of any sort of socio-physological analysis, while establishing some direct links with other visual creations. The sole purpose of this book is thus to distract the reader while broadening his or her imagination.

We hope that you will have fun reading the book as much as we did writing it.

Israel Perry Ph.D

prépondérant, je me suis rapidement rendu compte que cette attitude avait un côté pervers qui ressortait souvent dans les affiches de films d'horreur. Pris au jeu je me suis mis également à accumuler ces affiches, y compris celles de productions de série B, m'apercevant un peu tard de la quantité d'affiches que j'étais en train d'accumuler. Que faire de tout cela? Voici précisément l'origine de ce passe-temps.

Mettre un peu d'ordre dans cette collection quelque peu hétérogène et laisser aller le commentaire, sans s'embarquer toutefois dans une histoire du cinéma vue sous cet angle incongru, ni tomber dans l'analyse socio-psychologique, tout en établissant des contacts directs avec d'autres créations visuelles est le modeste propos de cette édition.

Nous espérons que vous aurez autant de plaisir à lire cet ouvrage que nous en avons eu à le réaliser.

Jean-Louis Capitaine

Chapter 1:

FROM MAN TO BEAST

This first chapter introduces the movie posters where the man abducts his prey by carrying her in his arms. This is the starting point of the collection. However, even at this initial level, the reader already notices a progressive degradation of this idyllic image. There is no need to introduce the film which starts off the series: *Le Cheik.* An orientalist tribute to the wild production of the 1920's Hollywood era, the main star being the handsome Rudolph (Valentino), the heart-throb on whose grave three female admirers committed suicide. He plays here his most famous leading part as a seducer, with this little touch of exoticism which complements the already mysterious erotic undertone. The action represented in the poster of the white, western woman being taken away by the Arabic rider conveys an element of virility: the conquest being, first and foremost physical. This very image is recurrent not only in films but also in other theatrical forms. For example, in the 1920's operettas the actors communicated in similar ways as exemplified by this Mexican variation of an exoticism, clearly identifiable by the sombrero (image 1: *Bouche à bouche*). Just like in the orientalist paintings, the woman is taken like a fortified town and in this separation from her loved ones and her customary surroundings, lies

Illustration 1: BOUCHE A BOUCHE
Opérette d'André Barde. 1925.
58x48 cm / 23x19 inches
Affiche française / french poster

Chapitre 1:

DE L'HOMME A LA BETE

Ce premier chapitre présente les affiches de cinéma dans lesquelles l'enlèvement de la femme est le fait d'un homme qui la prend dans ses bras. C'est le point de départ de la collection. Pourtant déjà à ce niveau nous constatons une dégradation progressive de cette image idyllique.

On ne présente pas le film dont l'affiche commence cette série: *Le Cheik.* Tribut orientaliste à la production délirante des années 20 à Hollywood, la vedette en est le beau Rudolph (Valentino) qui faisait rêver et sur la tombe duquel trois admiratrices se sont suicidées. Il tient là son rôle le plus célèbre de séducteur avec cette petite touche d'exotisme qui agrémente de mystère l'érotisme sous-jacent. Le geste représenté dans l'affiche de l'enlèvement de la femme blanche ou occidentale par le cavalier arabe exprime la virilité: la conquête est avant tout physique. Cette image est elle-même récurrente au cinéma comme dans les autres formes de spectacle. Ainsi dans les opérettes des années 20, on communiquait sur une base très semblable comme dans cette variante mexicaine d'un exotisme identifiable grâce au sombrero (illustration 1: *Bouche à bouche*). Comme dans la peinture orientaliste, la femme est enlevée comme une place-forte et dans sa séparation d'avec ses proches

LE CHEIK / THE SHEIK
George Melford. 1921
81x81 inches / 205x205 cm
French poster / Affiche française

the promise of a happier, albeit ephemeral, but intense nonetheless future: that warm sand sure feels nice!

In a more legal framework, more in line with western morals, the situation is still blurred and straightforward. For instance, with this *Mariage à l'italienne*, the abduction of the woman conceals a less cheerful situation. Behind this official ceremony, one discovers a rather sordid situation in which deception lurks in every corner. Everything will eventually end up for the best as the sweetheart will achieve her ends with three children and a husband

et son environnement coutumier, réside la promesse d'un bonheur peut-être éphémère mais intense: tout ça sent bon le sable chaud!

Dans un cadre plus légal et plus conforme aux mœurs occidentales du mariage, la situation n'en est pas pour autant claire et limpide. Ainsi avec ce *Mariage à l'italienne*, l'enlèvement cache une situation moins réjouissante. Derrière cette cérémonie officielle, on découvre une situation quasiment sordide où la tromperie est de tous les côtés. Tout finira par s'arranger: la belle parviendra à ses fins et connaîtra le bonheur avec ses trois enfants et un mari qui

who is the father of but one of them. In the following image, the drama is concealed under an apparent feeling of happiness. In fact, during the young couple's honeymoon, right when the groom takes his bride into his arms, a Customs Officer suddenly bursts into the train compartment, which leads to the newlywed's inhibition. "Professional help" will be required to cure him of his problems. The "grisette" or courtesan, as she appears at the beginning of the century in posters such as Montmartre (illustration 2: *Montmartre*), a play by Pierre Frondaie, a specialist of bourgeois veaudevilles, had the same type of assignment. In: *Vous n'avez rien à déclarer*, the humorous note a posteriori, lies in the fact that the young bride who has to come to terms with the inhibitions of her husband was in fact the spouse of Georges Bataille, the father of eroticism in contemporary literature and

Illustration 2: MONTMARTRE
Comédie de Pierre Frondaie. 1910
158x115 cm / 62x45 inches
Affiche française / french poster

MARRIAGE ITALIAN-STYLE / MARIAGE A L'ITALIENNE / MATRIMONIO ALL'ITALIANA
Vittorio de Sica. 1964
63x45 inches / 160x120 cm
French poster / Affiche française

n'est le père que d'un seul.

Dans l'image suivante, le drame se camoufle sous un bonheur apparent. En effet, pendant le voyage de noces du jeune couple, l'irruption d'un douanier dans le compartiment du train au moment où le jeune marié prenait son épouse dans ses bras provoque son inhibition. Il faudra avoir recours à une «professionnelle» pour le guérir de son problème. La grisette ou femme légère telle qu'elle apparaît au début du siècle dans les affiches comme celle de *Montmartre* (illustration 2: *Montmartre*), pièce de Pierre Frondaie, spécialiste des vaudevilles bourgeois, tenait ce genre d'emploi. Pour ce *Vous n'avez rien à déclarer*, la note comique a posteriori, réside dans le fait que la jeune mariée qui doit composer avec les inhibitions de son époux fut à la ville la femme de Georges Bataille, père de l'érotisme dans la littérature contemporaine puis de Jacques Lacan, psychanalyste

who later became the wife of Jacques Lacan, a famous psychotherapist.

With *Autant en emporte le vent*, one witnesses a brilliant display of melodramatic situations even though the situation is taking a tragic turn. In fact, if Clark Gables holds Vivien Leigh in his arms, it is under a fiery and warlike backdrop, and one already assumes that this affair won't last. The "I don't give a damn" is not far away and based on this particular position between the two lovers, the audience knows that it will not be long until he will let her go in the literal and metaphorical sense.

Similarly, in *L'Alcazar d'été*, this upside down dance well illustrates the fragile man to woman relationship and the inherent risk of the woman finding herself on the floor (illustration 3: *Alcazar d'été*).

The framework of this *Réveil* is very complicated for a mute film with Charles Vanel as a romantic male lead. With a mix of strong family ties (the motherly responsibilities take precedence over a woman's love), and a crowned head in the background, one wonders what these particular intricacies can contribute on a stage, considering that this is an adaptation of a theatrical play. As is the case with many others,

VOUS N'AVEZ RIEN A DECLARER ? / CONFESSIONS OF A NEWLYWED
Léo Joannon. 1937
63x47 inches / 160x120 cm
French poster / Affiche française

célèbre.

Avec *Autant en emporte le vent*, on touche au mélo sublime même si la situation commence à mal tourner. En effet si Clark Gable tient Vivien Leigh dans ses bras, c'est sur fond de guerre et d'incendie et déjà l'on sent que cette aventure ne tiendra pas. Le «I don't give a damn» n'est pas loin et dans cette position des deux amants, le spectateur sent bien qu'il ne va pas tarder

Illustration 3 : ALCAZAR D'ETE
Troupe Victor D. c. 1900
120x86 cm / 47x34 inches
Affiche française / french poster

AUTANT EN EMPORTE LE VENT / GONE WITH THE WIND
Victor Fleming. 1939
63x47 inches / 160x120 cm
French poster / Affiche française

there exists a pair of original posters for this movie and the other model refers to the crowning ceremony of the romantic male lead who happens to be a prince. But what of this image where the woman seems to be unconscious and where the "carrier" seems to be dressed in a maid's outfit? The title is also very enigmatic: what is the nature of this wakening? Does it represent a moment of clarity or simply the end of sleep? The mysteries of theatre and early century French Cinema where the unconscious woman spends her time being abducted! (illustration: *En bombe*).

With *Essi Vivrano*, we are at the heart of traditional American cinema with its succession of finer feelings under a Korean, war-inspired backdrop. The love is indeed stronger than the daily, often times agitated life! A custom tailored approach for the great seducer of post-war American cinema who leads us to a compassionate outlook on the world while saving the woman he loves.

The best seller of the popular novel of the end of the 19th century which exposes a rather shady world, even darker than in *Les misérables*, Eugène Sue's book *Les mystères de Paris* went through numerous cinematographic adaptations. In this case, we are dealing with a 1950's version where

LE REVEIL
Jacques de Baroncelli. 1925
63x47 inches / 160x120 cm
French poster / Affiche française

à la laisser tomber au sens propre comme au sens figuré. De même à *L'Alcazar d'été*, cette danse renversée illustre bien la fragilité de la relation homme-femme et le risque pour la belle de se retrouver par terre (illustration 3: *Alcazar d'été*).

La trame de ce *Réveil* est bien compliquée pour un film muet avec Charles Vanel en jeune premier. Mélange de bons sentiments familiaux (le devoir d'une mère passe avant l'amour d'une femme), sur fond de tête couronnée, on se demande ce qu'une telle intrigue pouvait donner sur scène puisqu'il s'agit de l'adaptation d'une pièce de théâtre. Comme souvent, il existe une paire d'affiches originales pour ce film et l'autre modèle fait référence au couronnement du jeune premier qui se trouve être un prince. Mais quand est-il de cette image où la femme semble évanouie et où le «porteur» semble vêtu d'une tenue de valet de chambre? Le titre également est bien énigmatique: de quelle nature est-ce réveil? S'agit–il d'une prise de conscience

the now forgotten romantic male leads, Frank Villard and Yvette Lebon, take the credit in their respective roles as Rodolphe de Sombreuil and Fleur de Marie against a gang of crooks from the slums. The poster is based on the visual idea from Louis Feuillade's famous film *Fantomas*. The couple towers above Paris, where we notice distinct monuments, such as Notre-Dame Cathedral.

Another war backdrop with *Nessuno sfuggira* but this time set in Nazi Germany. This movie was part of Hollywood's war efforts in the fight against German propaganda. This movie was never featured in France. Completed after the Nuremberg trials, the movie introduces an extremely sinister character, like on the poster, the epitome of the Nazi stereotype, void of any humanity. This character is capable of making the women that surround him commit suicide, of turning in his own brother to the Gestapo and to assassinate his nephew after having corrupted him when he was trying to apologize for his deeds. In Italy, a country where the film had been distributed, this particular poster was the masterpiece of the renowned poster designer Anselmo Ballester. It accentuates the dark side of the anti-hero, a true

ESSI VIVRANO! BATTLE CIRCUS LE CIRQUE INFERNAL
Richard Brooks. 1952
78x55 inches / 200x140 cm
Italian poster / Affiche italienne

ou simplement de la fin du sommeil ? Mystérieuses arcanes du théâtre et du cinéma français début de siècle où la femme évanouie passait son temps à se faire enlever comme un paquet! (illustration 4: *En bombe*).

Avec *Essi vivrano*, nous voici plongé dans le cinéma américain traditionnel avec son cortège de bons sentiments sur fond de guerre de Corée. L'amour plus fort que la vie quotidienne même très agitée! Du sur mesure pour le grand séducteur du cinéma américain d'après-guerre qui nous invite à porter un regard compatissant sur le monde en sauvant la femme qu'il aime.

Best seller du roman populaire de la fin du 19eme siècle qui met en scène un monde interlope plus noir encore que *Les misérables*, le livre d'Eugène Sue *Les mystères de Paris* connût de nombreuses adaptations cinématographiques. Il s'agit, dans le

incarnation of evil, which brings it closer to the posters of the collection featuring monsters.

After Evil, Death starts to lurk. In this transposition of the Greek myth of Orpheus, in the midst of Rio's carnival, one is reminded of the omnipresent feeling of menace that weighs on the couple, as demonstrated by the skeleton like character who embodies the notion of death. The vibrant Samba rhythm accentuates the agonizing feeling which is evident throughout the film and provides a different touch to the slight touristy Brazilian image. Just like in the mythological story, Orpheus will commit the irreparable mistake and jealousy will prevail in a movie which was awarded the "Palme d'Or" at the Cannes Festival in 1959.

Illustration 4: EN BOMBE !
Pièce de Jean Sardou. c. 1920
116x79 cm / 46x31 inches
Affiche française / french poster

The story of the *Vite Perdute* introduces a group of young men and women battling with a gang of fugitives known for their acts of violence, blackmail and threats. The most dangerous one of them is a black man, the Baron's servant, who does not hesitate to engage in arson and rape and who ends slain by another gang member, who joined the young crowd in the meantime. The originality of this particular film whereby the black man epitomizes evil lies in the fact that the action takes place on the island of Elba, giving it a closed doors setting connotation. The abduction in this case no longer represents sentiments of love but rather suggests an evil tone which prepares us for the images of this particular edition.

After the Greek myth, comes the Hollywood myth: created by Edgar Rice Burroughs, the character of Tarzan has gone through at least 30 different types of adaptations. This theme has been used by Hollywood in every possible way. The most emblematic of all the

cas qui nous intéresse, d'une version années 50 où les jeunes premiers, aujourd'hui oubliés, Frank Villard et Yvette Lebon, tirent la couverture dans les rôles de Rodolphe de Sombreuil et de Fleur de Marie contre une bande de malfrats des bas-fonds. L'affiche reprend l'idée du visuel pour le célèbre film de Louis Feuillade «*Fantomas*». Le couple domine Paris dont on aperçoit les monuments dont la cathédrale Notre-Dame.

Fonds de guerre toujours avec «*Nessuno sfuggira*» mais cette fois dans l'Allemagne nazie. Ce film participe de l'effort de guerre organisé par Hollywood, pour contrer la propagande allemande. Il n'est pas sorti en France. Terminé après le procès de Nuremberg, il nous présente un personnage extrêmement sombre, comme on le voit sur l'affiche, prototype du nazi sans une once d'humanité. Il est capable de pousser au suicide les femmes qui l'entourent, de dénoncer son propre frère à la Gestapo et d'assassiner son neveu après l'avoir perverti quand celui-ci cherche à se racheter. Cette affiche pour l'Italie, pays dans lequel le film a été distribué, est l'oeuvre du grand affichiste Anselmo Ballester. Elle accentue le côté sombre de cet anti-héros, véritable incarnation du Mal, ce qui la rapproche

LES MYSTERES DE PARIS / I MISTERI DI PARIGI
Fernando Cerchio. 1957
63x47 inches / 160x120 cm
French poster / Affiche française

actors to play the character of Tarzan remains Johnny Weissmuller, Olympic swimming champion with a full set of golden locks, the precursor of "ero-exoticism."

The only survivor of this saga, having gone through 27 different versions, the chimp is now 75 years old. World most senior member of the chimpanzees, he was indeed a male, even though he responded to the name Cheeta, and had a crush on gorgeous Johnny. Much to her detriment, Maureen O'Sullivan experienced this confusion as the filming of various love scenes were often accompanied by cries of jealousy from the monkey. The full title of the movie, *Tarzan, the Monkey-Man*, brings us directly to the following chapter, where the primates steal the show, thanks especially to King-Kong. In the 30's, this set of themes was not limited to the film industry and actually enjoyed great success in all forms of spectacle, as witnessed by the poster of Charles

NESSUNO SFUGGIRA / NONE SHALL ESCAPE
André de Toth. 1944
76x55 inches / 200x140 cm
Italian poster / Affiche italienne

VITE PERDUTE / LOST SOULS
Adelchi Bianchi, Roberto Mauri. 1958
78x55 inches / 200x140 cm
Italian poster / Affiche italienne

des affiches de la collection qui mettent en scène des monstres.

Après le Mal voici la Mort qui rôde. Transposition du mythe grec d'Orphée, dans l'ambiance du carnaval de Rio, on se souvient de la menace que fait peser sur le couple ce personnage grimé en squelette qui incarne la Mort. Le rythme trépidant de la Samba accentue le sentiment d'angoisse qui accompagne tout le film et donne une touche différente à une vision quelque peu touristique du Brésil. Comme dans l'histoire mythologique, Orphée commettra l'irréparable et la jalousie aura raison de lui pour un film qui reçut la Palme d'Or à Cannes en 1959.

L'histoire de «*Vite perdute*» présente un groupe de jeunes gens aux prises avec un gang d'évadés pratiquant, violence, chantage et menaces. Le plus dangereux s'avère être un noir au service de son chef, le Baron, qui n'hésite pas à incendier et à violer mais qui finira occis par un autre membre du gang, qui est passé entre-temps du côté des jeunes. L'originalité de

ORFEO NEGRO / BLACK ORPHEUS
Marcel Camus. 1959
63x47 inches / 160x120 cm
French poster / Affiche française

Illustration 5: LE GORILLE ET LA FEMME
Casino de Paris.1925
157x116 cm / 62x46 inches
Affiche française / french poster

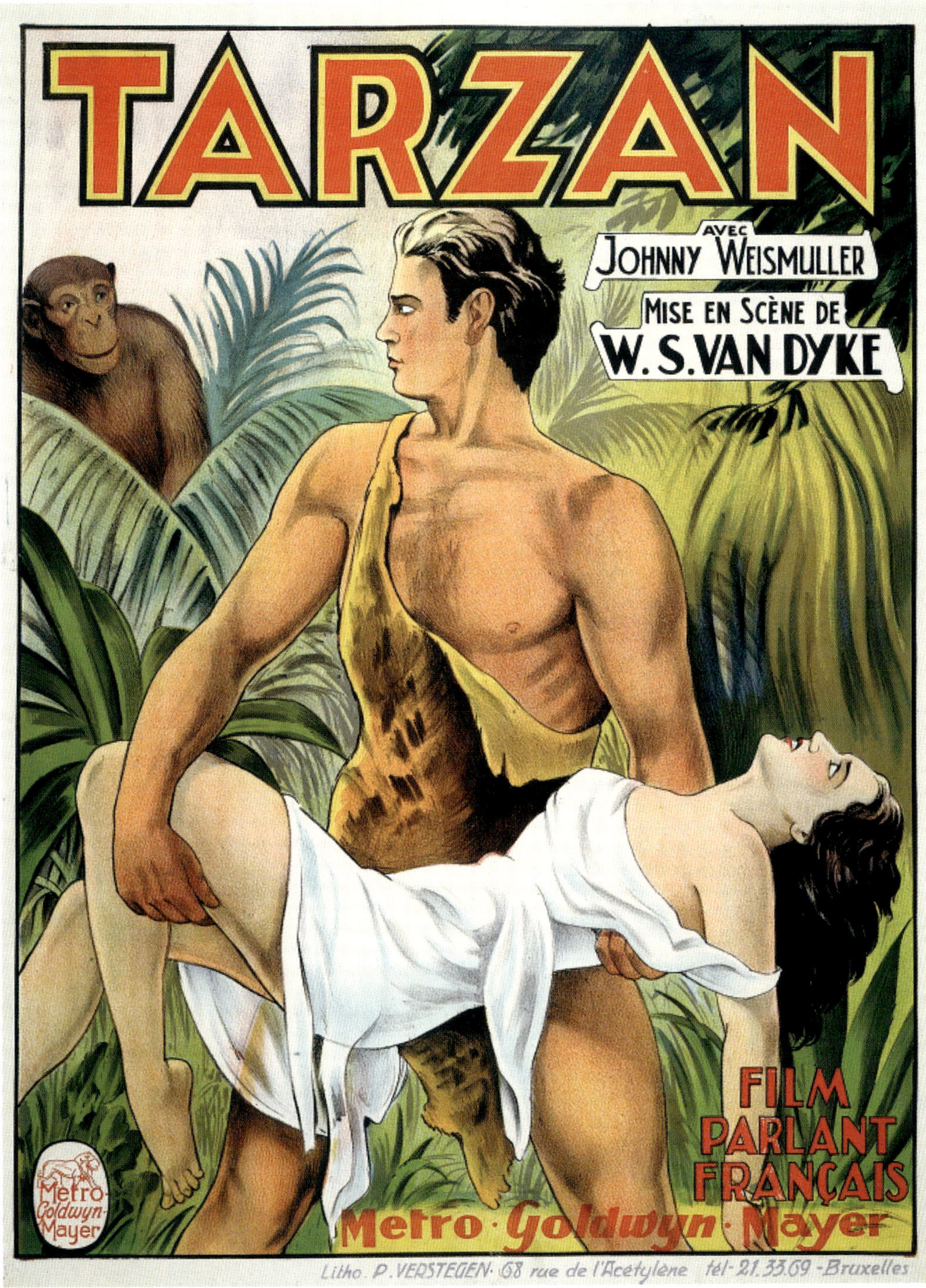

TARZAN / TARZAN THE APE MAN
Woodbridge Strong Van Dyke II. 1932
33x24 inches / 80x60 cm
Belgian poster / Affiche belge

Illustration 6: UNTAMED MISTRESS
Ron Ormond.1956
Manuel d'exploitation / press-book

Gir for the Casino of Paris (illustration 5, *the gorilla and the woman*).

We shall notice, later on, that the dilemma faced by these heroines becomes the central point of ambiguity in this relation: who will be in favor with the sweetheart, the man or the beast? It is this very question that is clearly stated in the press kit of the movie *Untamed mistress* and already the response lies in the illustration: the monkey holds the central space! (Illustration 6: *Untamed mistress*).

ce film où le noir est le personnage mauvais, est de se situer à l'île d'Elbe, transformant l'action en un huis-clos. L'enlèvement, ici représenté, n'est plus de nature amoureuse mais de nature maléfique ce qui nous prépare aux images de cette édition.

Après le mythe grec, voici le mythe hollywoodien: créé par Edgar Rice Burroughs, le personnage de Tarzan ne connût pas moins d'une trentaine d'adaptations au cinéma. Le filon fut exploité jusqu'à la corde par Hollywood. Le plus emblématique de tous les titulaires du rôle demeure Johnny Weissmuller, champion olympique de natation à la blonde crinière, précurseur de l' «éro-exotisme ». Seul survivant de ces productions, ayant participé à 27 versions différentes, le chimpanzé, âgé aujourd'hui de 75 ans de sexe mâle dans la vie bien qu'il répondit au nom de Cheeta, et doyen mondial des chimpanzés en pinçait pour le beau Johnny. Maureen O'Sullivan l'expérimenta à ses dépens car le tournage des scènes d'amour était toujours accompagné par les cris de jalousie du singe. Le titre complet du film, *Tarzan l'homme singe*, nous conduit directement au chapitre suivant où les primates tiennent la vedette, en particulier grâce à King Kong. Dans les années 30, cette thématique ne se limitait pas au cinéma et fit florès dans toutes les formes de spectacle comme le prouve cette affiche de Charles Gir pour le Casino de Paris (illustration 5: *le gorille et la femme*).

Nous verrons plus loin que le dilemme auquel ces héroïnes sont soumises, est le point central de l'ambiguité de la relation. Qui aura les faveurs de la belle, l'homme ou l'animal? C'est cette question qui est clairement posée dans le press-book du film «*Untamed mistress*» et la réponse est déjà dans l'illustration: le singe occupe l'espace central! (illustration 6: *Untamed mistress*).

Chapter II:
THE ANIMAL - MONSTERS

At the source of this particular emotion that we talked about, between fear and attraction, between terror and seduction, the animals play an important role: amongst them, throughout the history of cinema, the insects, in particular have been associated with this fright. Women's fears concerning these small creatures are notorious: fear of spiders (arachnophobia), of snakes as well as other creatures that sting, pinch, bite or claw (illustration 7: *Phobia*). The fear of ants that we come across in the first posters of this chapter stems from something larger that threatens the society as a whole. With the ants, it is a war of the worlds, the war against an organized society which threatens our own. These hymenopters can be massive just like in *"Les monstres attaquent la ville" (Them)*, treat humans like simple termites (*Empire of the ants*) or even take care of humans, enslave them, proving thereby the ants' society superiority. It is this very stark and desperate acknowledgment that the famous poster designer Saul Bass emphasizes in his unique film *Phase IV*.

Other insects, other fears: spiders generally incite a feeling of panic in women, all the more so if the insect is enormous (*Tarantula*). But the thought of being torn to pieces by a giant lobster mutant (*Le peuple des abîmes*), by an enormous crab (*The crab monster*) or

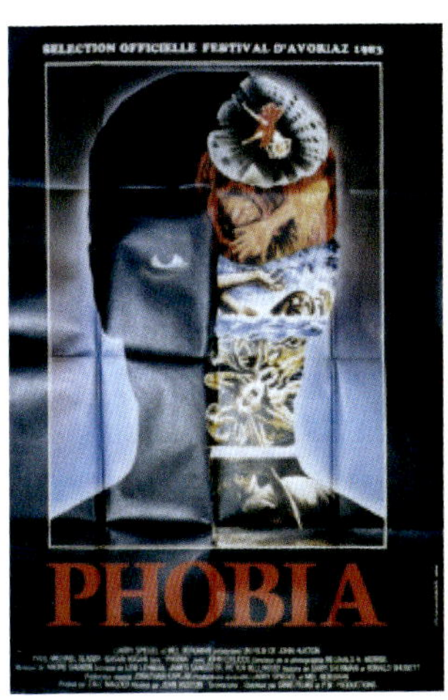

Illustration 7: PHOBIA / PHOEBIA
John Huston. 1980.
160x120 cm / 63x47 inches
Affiche française / french poster

Chapitre II:
LES ANIMAUX - MONSTRES

A la source de cette émotion particulière dont nous avons parlé, entre peur et attirance, entre effroi et séduction, les animaux se taillent une belle part: parmi ceux-ci les insectes ont dans l'histoire du cinéma alimenté de tout temps ce frisson. Les peurs de la femme concernant ces petites bêtes sont connues: peur des araignées (arachnophobie), des serpents et de toutes les bestioles qui piquent, qui pincent, qui mordent ou qui griffent. (illustration 7: *Phobia*). La peur des fourmis que nous trouvons dans les premières affiches de ce chapitre procèdent de quelque chose de plus vaste qui menacent la société toute entière. Avec les fourmis c'est la guerre des mondes, la guerre contre une société organisée qui menacent la nôtre. Ces hyménoptères peuvent être géantes comme dans *Les monstres attaquent la ville (Them)*, traiter les humains comme de simples termites (*Empire of the ants*) ou encore mettre les humains sous tutelle, les esclavagiser, affirmant ainsi la supériorité de la société des fourmis. C'est ce constat froid et désespéré que fait le grand graphiste Saul Bass dans son unique film *Phase IV*.

Autres insectes, autres terreur: les araignées suscitent chez la femme une peur panique, a fortiori si l'insecte est gigantesque (*Tarentula*). Mais l'idée d'être déchiqueté par une espèce mutante de homard

by a giant larva (*The monster that challenged the world*) is not much more joyful.

This fear is complemented by an additional dimension: the fear of deep, murky and obscure waters, whereby lie unknown and formidable monsters. The giant squid (*The green slime*) belongs to this particular group and has become a reference since *20,000 lieues sous les mers* (illustration 8: *20,000 lieues sous les mers*) where Jules Verne brings to life a gigantic cephalopod able to attack anything. The slimy, viscous and cold snakes are also at the source of this repulsive terror, which is aggravated by the enormous venom-coated fangs. (*Horrible Carnage*). Suffocating to death is surely not a joyful way to pass away, but what is more, being subjected to numerous bites from these monsters, who can slide in anywhere, also brings up a

Illustration 8:
20 000 LIEUES SOUS LES MERS / 20 000 LEAGUES UNDER THE SEA
Richard Fleischer. 1954
160x120 cm / 63x47 inches
Affiche française / French poster

THEM / DES MONSTRES ATTAQUENT LA VILLE
Gordon Douglas. 1955
41x27 inches / 104x69 cm
American poster / Affiche américaine

(*Le peuple des abîmes*), par un énorme crabe (*The crab monster*) ou par une larve géante (*The monster that challenged the world*) n'est pas non plus très réjouissante.

A cette peur peut s'ajouter une dimension supplémentaire: l'angoisse des fonds marins, profonds, obscurs et recelant des monstres inconnus et redoutables. La pieuvre géante (*The green slime*) est de ceux-ci et demeure un monstre de référence depuis *20,000 lieues sous les mers* (illustration 8: *20,000 lieues sous les mers*) où Jules Verne met en scène un gigantesque céphalopode capable de s'attaquer à n'importe quoi. Le gluant, le visqueux et le froid des serpents sont également la source de terreur répulsive aggravée par d'énormes crocs à venin (*Horrible carnage*). Périr étouffé n'est pas réjouissant mais subir de surcroît les morsures

of this privileged monster, the gorilla or in a larger sense the monkey, when his size and power prove to be superior to man's abilities. The inevitable anthropomorphism with a creature whose 98% of its DNA is similar to a human being, the peddled stories and myths on the abduction of humans and especially of women by primates (Illustration 11: *Gorille enlevant une femme*), the erotic dimension of the relationship contribute to introduce sex and even perhaps pleasure in this particular kind of fear.

With the first version of *King Kong*, realism finally asserts itself in the realm of eroticism: regardless of its size, the virile reputation of the gorilla and the ambiguity of the "animal" dimension of the wild, black man create a confusion whereby anything becomes possible. This aspect is the central theme of *King Kong*, the masterpiece in its 1933 first version remembered by everyone and where the heroine of the movie is abducted by the monkey who takes her into his lair where he tears off her clothes before proceeding to sniff every inch of her body. It is then, at

LE PEUPLE DES ABIMES / THE LOST CONTINENT
Michael Carreras. 1968
33x24 inches / 80x60 cm
French poster / Affiche française

ATTACK OF THE CRAB MONSTERS
Roger Corman. 1957
41x27 inches / 104x69 cm
American poster / Affiche américaine

grâce à l'exotisme de la jungle étouffante et sensuelle et grâce à l'apparition de ce monstre privilégié qu'est le gorille et plus généralement le singe quand sa taille et sa puissance s'avèrent supérieures à celles de l'homme. L'anthropomorphisme inévitable avec une créature qui possède 98% de son ADN en commun avec l'homme, les histoires et les légendes colportées sur l'enlèvement d'humains et surtout de femmes par des primates (illustration 11 : *Gorille enlevant une femme*), la dimension érotique de la relation, concourent à introduire le sexe et peut être le plaisir dans cette peur là.

Avec la première version de *King Kong*, le réalisme entre en force dans l'érotisme. Indépendamment de sa taille, la réputation de virilité du gorille, mais aussi l'ambiguïté de la dimension «animale» de l'homme sauvage et noir, crée une confusion ou tout devient possible. Cet aspect est le thème central dans

THE MONSTER THAT CHALLENGED THE WORLD
Arnold Laven. 1957
30x40 inches / 76x101 cm
British poster / Affiche anglaise

this moment in cinema, that the human monster is born, capable of having feelings and especially feelings of love, which will cost him a great deal later. In the remakes of the Meriam Cooper and Ernest B. Schoedsack movie, eroticism is in the air at that time and abides to the "politically correct" environment, which is accentuated in the 1976 John Guillermin version, the sexual freedom era; and eventually regresses deeply with the last Peter Jackson version, set during the Puritan American era of G.W. Bush. However, in

ce chef d'œuvre qu'est King Kong, et tout le monde se souvient dans la première version de 1933, qu'ayant emporté l'héroïne du film dans son repaire, le singe s'efforce de lui arracher ses vêtements avant de la renifler sous toutes les coutures. Le monstre humain est né au cinéma capable de sentiments et surtout d'amour, ce qui lui coûtera cher. Dans les versions (remakes) du film de M.Cooper et E.B. Schoedsack, l'érotisme suit l'air du temps et le politiquement correct. Accentué dans la version de J. Guillermin de 1976, époque de la libération sexuelle, il régresse fortement dans la dernière version de P. Jackson au temps de l'Amérique puritaine de G.W. Bush. Mais dans tous les cas, la dimension sexuelle reste présente jusqu'à servir de slogan publicitaire. Pour une ressortie dans les années 60 du premier King Kong, le singe sert à revivifier la vie sexuelle des couples de spectateurs (illustration 12: *J'emmène ma femme au cinéma, King Kong est là*).

Pour les affiches italiennes de ressortie de ce classique, on met l'accent sur la convoitise sexuelle que suscite la femme blanche plutôt dévêtue autant chez le singe que chez la population locale, évidemment noire. Exploitant le filon E.B. Schoedsack réalisait

IL FANGO VERDE / THE GREEN SLIME / BATAILLE AU DELA DES ETOILES
Kinji Fukasaku. 1969
55x39 inches / 140x100 cm
Italian poster / Affiche italienne

all of these cases, the sexual dimension is still present, to the point of becoming an advertising slogan. When the remake of King Kong came out in the 1960s, the monkey helps in reviving the spectators' sexual life. (Illustration 12: *J'emmène ma femme au cinéma, King Kong est là*).

For the Italian posters of this classic re-release, the emphasis is on the sexual lust exuded by the rather bare white woman on the monkey as well as on the local population, which is of course black. Developing on this theme, in 1949, Erenest B. Schoedsack produced a character by the name of *Mighty Joe*, derived from his 1933 *King Kong*. Unlike others of the earlier era, this is not a monster per say, but rather a large gorilla which defends against other wild animals his prey, or rather his conquest, whom, as we later come to understand, is not edible. On the contrary, in the remake of I. Honda, the monster once again becomes the central character, destroyer of the city as a result of thwarted love.

Then comes a series of large monkeys stemming from more or less refined variations of the original *King Kong*. In *White Pongo*, an albino gorilla representing the missing link between man and animal defends his prey against other threatening gorillas. For her part, the queen of gorillas (*Queen Kong*) grabs a frail fair-haired boy who could well be ravished for a change, thus inverting roles.

We practically hit rock bottom in terms of the exploitation of this particular exoticism as we witness *La revanche de Congo Bill*, where a very primitive looking monkey surprises a young woman in bed, who seems more surprised than scared. In this poster, we find ourselves in the "past instant": a feeling that seems to often reoccur in other posters.

In *Nabonga*, the monkey regains a bit of appeal even though he holds his victim upside down, like a package while she has evidently fainted: perhaps the act has already taken place? In the two versions of *Fantôme de la rue Morgue*, by Edgar Allan Poe, the notion

HORRIBLE CARNAGE / JENNIFER THE SNAKE GODDESS
Brice Mack. 1978
63x47 inches / 160x120 cm
French poster / Affiche française

EL REY DE LAS COBRAS / JAWS OF SATAN
Robert Claver. 1981
39x28 inches / 100x70 cm
Spanish poster / Affiche espagnole

en 1949 un produit dérivé de son *King Kong* de 1933 sous le nom de *Mighty Joe*. Il ne s'agit pas à proprement parlé d'un monstre mais d'un très grand gorille qui défend contre d'autres animaux sauvages sa proie ou plutôt sa conquête, dont on comprend qu'elle n'aura pas pour lui un usage comestible. Avec le remake d'I. Honda, c'est au contraire le monstre qui est de nouveau en avant, destructeur de la cité pour cause d'amour contrarié.

Autour de *King Kong*, va fleurir toute une série de grands singes, variations plus ou moins raffinées de l'original. Avec "La sfida de *King Kong*" *(White pongo)*, c'est un gorille albinos qui représentation du chaînon manquant entre l'homme et l'animal, défend sa proie contre d'autres gorilles menaçants. De son côté la

Illustration 9:
QUAND LA JUNGLE S'EVEILLE / CURUCU, BEAST OF THE JUNGLE
Curt Siodmak. 1956.
30x28 cm / 12x11 inches
Manuel d'exploitation / press-book

reine des gorilles (*Queen Kong*) s'empare d'un frêle blondinet qui pourrait bien subir les derniers outrages, intervertissant ainsi les rôles.

Déjà, nous sommes tombé, assez bas dans l'exploitation de cet exotisme comme nous le constatons avec *La revanche de Congo Bill*, singe à l'aspect très primitif qui surprend une jeune personne dans son lit qui a plus l'air étonnée qu'horrifiée. Avec cette affiche nous sommes dans «l'instant d'avant»: nous retrouverons souvent cette situation dans d'autres affiches.

Avec *Nabonga*, le singe reprend un peu

ODISSEA SULLA TERRA / UCHU DAIKAIJU GIRARA
Kazui Nihonmatsu. 1967
55x39 inches / 140x100 cm
Italian poster / Affiche italienne

LES ENVAHISSEURS ATTAQUENT KAIJU SOSHINGEKI
Inoshiro Honda. 1968
63x47 inches / 160x120 cm
French poster / Affiche française

of crime is once again central whatever the animal's motivations may be, even if it manages to conceal something.. Finally, in *Schlock*, short for *Schlockstropus*, we are dealing with a prehistoric half man-half monkey, a parodical tribute to *King Kong*.

Illustration 10:
GODZILLA / GOJIRA / GODZILLA
Inoshiro Honda. 1954
80x60 cm / 32x23 inches
Affiche française / french poster

Illustration 11: GORILLE ENLEVANT UNE FEMME
Sculpture d'Emmanuel Frémiet. 1887
Plâtre teinté / colored plaster
Hauteur :187 cm / height :73 inches
Musée des Beaux –Arts de Nantes

d'allure, mais il transporte sa victime la tête en bas à la manière d'un paquet alors qu'elle est manifestement évanouie. Peut-être la consommation de l'acte a-t-elle déjà eu lieu? Avec les deux versions du *Fantôme de la rue Morgue* d'après E.A. Poe, le crime reprend ses droits quelles que soient les motivations de l'animal même si celui-ci peut camoufler quelque chose. Enfin avec *Schlock*, diminutif de *schlocktropus* il s'agit d'un singe-homme sorti de la préhistoire et d'un hommage parodique à *King Kong*.

KING KONG / KING KONG
Ernest B. Schoedsack & Merian C. Cooper. 1933
37x14 inches / 94x36 cm
Australian poster / Affiche australienne

KING KONG / KING KONG
John Guillermin. 1976
63x47 inches / 160x120 cm
French poster / Affiche française

KING KONG / KING KONG
Ernest B. Schoedsack & Merian C. Cooper. 1933
63x47 inches / 160x120 cm
French poster / Affiche française
Reissue 60's / Ressortie années 60

Illustration 12 :
J'EMMENE MA FEMME AU CINEMA, KING KONG EST LA
c.1960
30x76 cm / 12x30 inches
Affichette publicitaire / advertising poster

KING KONG / KING KONG
Ernest B. Schoedsack & Merian C. Cooper. 1933
55x39 inches / 140x100 cm
Italian poster / Affiche italienne
Reissue 1948 / Ressortie 1948

KING KONG / KING KONG
Ernest B. Schoedsack & Merian C. Cooper. 1933
55x39 inches / 140x100 cm
Italian poster / Affiche italienne
Reissue 60's / Ressortie années 60

IL RE DELL' AFRICA / MIGHTY JOE YOUNG / MONSIEUR JOE
Ernest B. Schoedsack. 1949
55x39 inches / 140x100 cm
Italian poster / Affiche italienne

EL GRAN GORILA / MIGHTY JOE YOUNG / MONSIEUR JOE
Ernest B. Schoedsack. 1949
39x28 inches / 100x70 cm
Spanish poster / Affiche espagnole

KING KONG IL GIGANTE DELLA FORESTA / KINGUKONGU NO GYAKUSHU / KING KONG S'EST ECHAPPE
Inoshiro Honda. 1967
Italian poster / Affiche italienne

KING KONG S'EST ECHAPPE / KINGUKONGU NO GYAKUSHU
Inoshiro Honda. 1967
63x47 inches / 160x120 cm
French poster / Affiche française

QUEEN KONG LA REGINA DEI GORILLA / QUEEN KONG
Frank Agrama. 1976
55x39 inches / 140x100 cm
Italian poster / Affiche italienne

LA SFIDA DI KING KONG / WHITE PONGO
Sam Newfield. 1945
57x54 inches / 144x137 cm
Italian poster / Affiche italienne

LA REVANCHE DE CONGO BILL / CONGO BILL
Spencer Gordon Bennet. 1948
63x47 inches / 160x120 cm
French poster / Affiche française

NABONGA / NABONGA
Sam Newfield. 1944
63x47 inches / 160x120 cm
French poster / Affiche française

NABONGA / NABONGA
Sam Newfield. 1944
57x54 inches / 144x137 cm
Italian poster / Affiche italienne

LE FANTOME DE LA RUE MORGUE / PHANTOM OF THE RUE MORGUE
Roy Del Ruth. 1954
22x14 inches / 56x36 cm
Belgian poster / Affiche belge

MORG SOKAGI / MURDERS IN THE RUE MORGUE
Gordon Hessler. 1971
26x18 inches / 67x48 cm
Yougoslavian poster / Affiche yougoslave

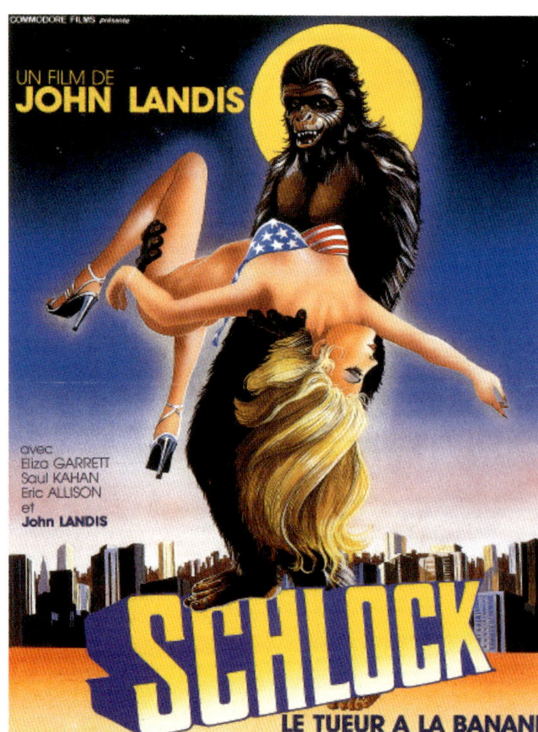

SCHLOCK LE TUEUR A LA BANANE / SCHLOCK
John Landis. 1973
25x17 inches / 60x40 cm
French poster / Affiche française

Chapter III:

THE ROBOTS AND THE SPACE MONSTERS

After the torrid eroticism of the first chapter, comes the frigid eroticism of robots. The problem no longer lies in containing a monstrous animals' overflowing aggression, but to know whether these robots even have a soul and feelings of love. A cold and mechanical environment replaces nature's exuberant exoticism.

The universe is like a desert desolate and scary in an altogether different way; it is an opposite universe from the preceding one. Why do these robots dicriminate between man and woman in humans? Do they have a gender? Is the robot always a male?

In *Le jour où la terre s'arrêta*, a movie which is here illustrated in many posters, the poor creature seems to struggle in the metallic arms of her strange abductor. It is now time to make reference to Professor Charcot, with his representation of hysteria which came

Chapitre III:

LES ROBOTS ET LES MONSTRES DE L'ESPACE

Après l'érotisme torride du premier chapitre, voici l'érotisme glacial des robots. Le problème n'est plus de contenir l'agressivité débordante d'un animal même monstrueux mais de savoir si les robots ont une âme et des sentiments amoureux. Un espace froid et mécanique remplace l'exotisme et l'exubérance de la nature. L'espace est désertique, pauvre; c'est un univers à l'opposé du précédent et qui fait peur autrement. Pourquoi ces robots font-ils le détail entre les hommes et les femmes chez les humains? Ont-ils un sexe? Le robot est-il toujours de sexe masculin?

Avec Le jour où la terre s'arrêta, film dont nous présentons ici plusieurs affiches, la malheureuse créature semble se débattre dans les bras métalliques de son étrange ravisseur. Il est temps de faire référence au professeur Charcot avec ses représentations de l'hystérie mise en scène théâtralement à la fin du 19eme

Illustration 13 : LECON SUR L'HYSTERIE DU PROFESSEUR CHARCOT
Bro. c. 1880
Huile sur toile / oil on canvas
Musée des Beaux-Arts de Lyon

siècle à l'hospice de Charenton (illustration 13 : *Leçon sur l'hystérie du professeur Charcot*). Dans nos affiches comme dans les clichés ou les gravures représentant l'hystérie, maladie considérée comme essentiellement féminine, l'attitude peut paraître semblable. (illustration 14 : *Augustine en Extase*). Avec Tobor et Robby le Robot de Planète interdite, à l'instant «d'avant» la malheureuse victime est bien éveillée (illustration 15 : *Planète interdite*) mais du moment que le robot s'en empare, elle sombre dans l'évanouissement et la perte de connaissance comme Marguerite–Françoise Du Chêne, qui appartenait au célèbre groupe des «convulsionnaires» du cimetière de St Médard au début du 18eme siècle. (illustration 16: *Marguerite Du Chêne*, convulsionnaire du cimetière de St Médard).

Dans le film japonais *Prisonnières des martiens*, les étrangers

Illustration 14 : AUGUSTINE EN EXTASE
Exemple d'hystérie par Bourneville et Regnard
1878
Photographie du fonds iconographique de la Salpétrière / photography

theatrically to life on stage at the end of the 19th century at the Hospice of Charenton (illustration 13: *Leçon sur l'hystérie du Professor Charcot*). In our posters, just like in the clichés or in prints depicting hysterics, a disease that is essentially only associated with women, the attitude does indeed seem similar. (illustration 14, *Augustine en extase*)

In *Tobor* and Robby the robot of *Planète interdite*, at the time "just before", the poor victim is indeed awake (illustration 15: *Planète interdite*) but as soon as the Robot abducts her, she faints and becomes unconscious like "Marguerite-Francoise du Chêne" who was part of the famous group of "convulsionaries" from the St. Médard cemetery at the beginning of the 18th Century (illustration 16: *Marguerite du Chêne, convulsionnaire*

ULTIMATUM ALLA TERRA / THE DAY THE EARTH STOOD STILL / LE JOUR OU LA TERRE S'ARRETA
Robert Wise. 1951
55x39 inches / 140x100 cm
Italian poster / Affiche italienne
Reissue 60's / Ressortie années 60

ULTIMATUM ALLA TERRA / THE DAY THE EARTH STOOD STILL / LE JOUR OU LA TERRE S'ARRETA
Robert Wise. 1951
75x55 inches / 200x140 cm
Italian poster / Affiche italienne

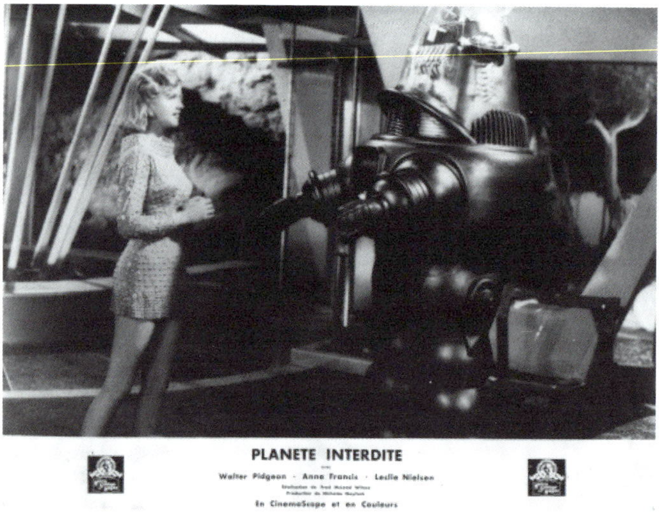

Illustration 15: PLANETE INTERDITE /
FORBIDDEN PLANET
Fred McLeod Wilcox. 1956
25x30 cm / 10x12 inches
Photographie d'exploitation / photography

venus de l'espace se rapprochent de nous. La vie sur Mars est aujourd'hui au centre de la recherche spatiale dans l'idée d'une vie possible pour les humaines sur la Planète Rouge dans un futur assez proche. Mais si cette vie existait déjà et si les Martiens s'intéressaient aux Terriennes? Leur morphologie proche de celle du corps humain, leur tenue vestimentaire qui dans l'affiche italienne ressemble

du cimetière de St. Médard).

In the Japanese Film entitled *Prisonnières des martiens*, the strangers from Outer Space get closer to us. Today, the prospect of life on Mars is at the center of spatial research with the eventual hope of finding ways for humans to live on the Red Planet in the near future. But what if this life already exists, and what if the Martians were already interested in human females? Their morphology, which closely resembles that of the human body, their dressing habits, that look, in the Italian poster, which bears a close likeness to chic designer contemporary sporting outfits, all of this adds to the confusion. The fear, here, is the fear of the unknown, the fear of being taken far away by these mysterious beings, without

LE JOUR OU LA TERRE S'ARRETA / THE DAY THE EARTH STOOD STILL
Robert Wise. 1951
31x23 inches / 80x60 cm
French poster / Affiche française

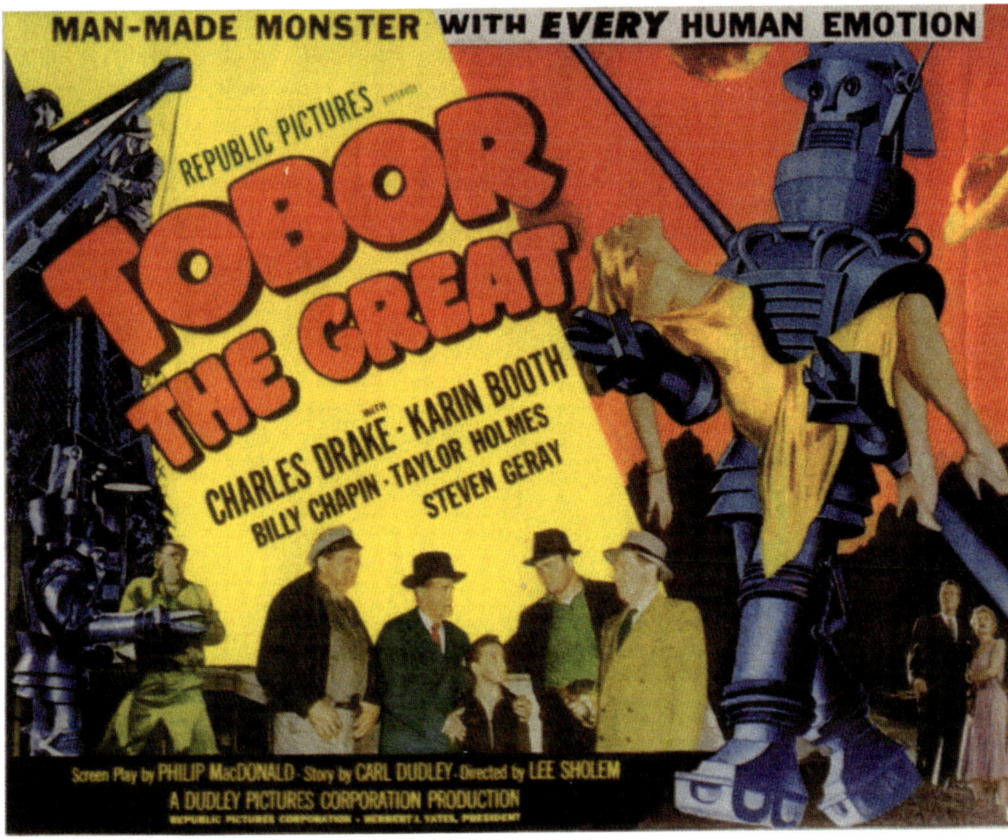

TOBOR THE GREAT / MAITRE DU MONDE
Lee Sholem. 1954
28x22 inches / 71x56 cm
American poster / Affiche américaine

ever returning to planet earth, so far away from loved ones.

The following robot (*Robot Monster*) has many different characteristics, many of which belong to the monsters of other categories. Dead and alive at the same time, with his scrawny

Illustration 16: MARGUERITE DU CHENE, CONVULSIONNAIRE DU CIMETIERE DE St MEDARD
Richer. 1731
Gravure / etching

à nos tenues de sport contemporaines, chics et griffées, tout ceci entretient la confusion. La peur est la peur de l'inconnu, la peur d'être emportée ailleurs par ces êtres mystérieux, sans espoir de retour sur la Terre, si loin des êtres chers.

Le robot suivant (*Robot monster*) cumule différentes caractéristiques dont certaines appartiennent à des monstres d'autres catégories. A la fois mort-vivant avec son crâne squelettique, il est aussi couvert de poils comme un loup-garou, mais néanmoins, il vient de l'espace et même de la Lune. Avec lui, le pire est probablement certain et la terreur inspirée prépare la violence, y compris la violence sexuelle et le tout en 3 dimensions.

Le pire attend également les victimes de ces robots assassins (*la terrificante notte dei robot assassini*) sous les masques desquels se

TOBOR THE GREAT / MAITRE DU MONDE
Lee Sholem. 1954
81x41 inches / 205x104 cm
American poster / Affiche américaine

skull, he is covered with hair, much like a werewolf, yet he is from space after all, from the Moon in fact. With him, the worst is almost certain and the inspired terror sets the stage for a great deal of violence, including sexual violence, all in 3 dimensions. The worst also awaits the victims of these killer robots (*la terrificante notte dei robot assassini*) under whose masks lie repulsive and aggressive creatures. In this movie, all the names of the actors are pseudonyms and we are coping with the abysmal depths of Z series movies.

With creatures not of this earth, we are dealing with an archetypical image depicting these inhabitants from other planets who land on Planet Earth in flying saucers. (illustration 17: *les soucoupes volantes attaquent*). The flying saucers crews (*Invasion of the saucer-men*) do make exceptions. The men are slaughtered or destined to be the subjects of scientific experiments as guinea pigs while the women could be used for other purposes. They are the same characters that we find in a pathetic movie such as *Mars attack*.

With Woody Allen and

cachent des êtres répugnants et très agressifs. Dans ce film, tous les noms des participants sont des pseudonymes et nous flirtons avec le fond du gouffre de la série Z.

Avec les Extra-terrestres, nous sommes en présence d'une image archétypique de ces habitants d'autres planètes qui débarquent sur la Terre à l'aide de soucoupes volantes (illustration 17: *les soucoupes volantes attaquent*). Les Hommes-Soucoupes

PLANETE INTERDITE / FORBIDDEN PLANET
Fred McLeod Wilcox. 1956
63x47 inches / 160x120 cm
French poster / Affiche française

Sleeper (Woody et les robots), we find ourselves in 2173, but this time with a bogus robot and his relationship with his mistress Luna Schlosser (Diane Keaton), once defrosted, is unequivocal proof that he is indeed a man.

We will close this chapter dedicated to robots and extra terrestrial creatures with the adventure of an astronaut sent to space (*Le monstre et l'espace*) and who, once back on Earth, has a tendency to become liquid to the point of actually melting. This peculiarity, aggravated by a very touchy character, as a result of exposure to radiations, determines the way in which he deals with his victims' fate, between absorption and osmotic intake.

PLANETE INTERDITE / FORBIDDEN PLANET
Fred McLeod Wilcox. 1956
22x14 inches / 56x36 cm
Belgian poster / Affiche belge

PLANETA PROHIBIDO / FORBIDDEN PLANET / PLANETE INTERDITE
Fred McLeod Wilcox. 1956
39x27 inches / 100x70 cm
Spanish poster / Affiche espagnole

(*Invasion of the saucer-men*) font le détail parmi les humains. Les hommes sont massacrés ou destinés à des expériences scientifiques tels des cobayes tandis que les femmes pourraient être destinées à d'autres usages. Ce sont les mêmes créatures que l'on retrouve dans un film dérisoire comme *Mars attack*. Avec Woody Allen et *Sleeper (Woody et les robots)*, nous sommes en 2173 mais il s'agit d'un faux robot et la relation qu'il établit avec sa maîtresse Luna Schlosser (Diane Keaton), une fois décongelé est dépourvue de toute ambiguïté car il s'agit bien d'un homme.

Enfin pour clore ce chapitre

Illustration 17 : LES SOUCOUPES VOLANTES ATTAQUENT / EARTH VS. THE FLYING SAUCERS
Fred F. Sears. 1956
160x120 cm / 63x47 inches
Affiche française / french poster

I MISTERIANI / CHIKYU BOEIGUN / PRISONNIERES DES MARTIENS
Inoshiro Honda. 1957
55x39 inches / 140x100 cm
Italian poster / Affiche italienne

PRISONNIERES DES MARTIENS / CHIKYU BOEIGUN
Inoshiro Honda. 1957
63x47 inches / 160x120 cm
French poster / Affiche française

consacré aux robots et aux extra-terrestres, voici l'aventure d'un astronaute envoyé dans l'espace (*Le monstre de l'espace*) et qui revenu sur Terre a tendance à se liquéfier voire à fondre. Cette étrangeté aggravée par un caractère plus qu'ombrageux à la suite d'irradiations, détermine la façon dont il règle le sort de ces victimes entre absorption et ingérence osmotique.

KRYPANDE HANDEN / INVASION OF THE SAUCER-MAN
Edward L. Chan 1957
40x27 inches / 100x69 cm
Swedish poster / Affiche suédois

LA TERRIFICANTE NOTTE DEI ROBOT ASSASSINI / SEX MONSTER
René Cardonna. 1969
55x39 inches / 140x100 cm
Italian poster / Affiche italienne

LE MONSTRE QUI VIENT DE L'ESPACE / THE INCREDIBLE MELTING MAN
William Sachs. 1977
63x47 inches / 160x120 cm
French poster / Affiche française

ROBOT MONSTER
Phil Tucker. 1953
11x14 inches / 28x36 cm
American poster / Affiche américaine

SLEEPER / WOODY ET LES ROBOTS
Woody Allen. 1973
41x27 inches / 104x69 cm
American poster / Affiche américaine

Chapter IV:

THE ANTHROPOMORPHIC MONSTERS

With the anthropomorphic monsters, emotions evolve. Although these monsters are of course repulsive, frightening and even threatening, they still possess some human traits. Terror gives way to an awkward closeness since we cannot brush aside their feelings out of hand. Fear is rampant because we cannot decipher their emotions. What is left of humanity in these monsters, who once were human beings? In the relation that ensues throughout the narration, the woman often knows how to reach their hearts, move them and arouse in them feelings close to love and even sacrifice. It must be said, in their defense, that they often are the fruit of the folly or the wickedness of men in general or of one man in particular: genetic manipulations, and scientific and medical experiments rule their lives and they often are the victims of a mad scientist or an evil doctor. (illustration 18: le médecin fou et le malade insensé). They can then turn against their creator and save humanity. It is then that we reach the myth whereby man faces his evil twin and the monster is not always who we think he is. In the collective unconscious, the creature and its creator end up becoming one. Frankenstein is the most famous example (illustration 19: Frankenstein) and its first screen adaptation in 1930 of the novel by Mary

Illustration 18:
LE MEDECIN FOU ET LE MALADE INSENSE
LA NEF DES FOUS par Sebastian Brant. 1494
Gravure / etching

Chapter IV:

LES MONSTRES ANTHROPOMORPHES

Avec les monstres anthropomorphes, l'émotion évolue. Ces monstres, bien sûr, sont répugnants, effrayants, voire menaçants, mais ils n'en ont pas moins quelque chose d'humain. La terreur fait place à une proximité gênante car on ne peut écarter à priori leurs sentiments. Que reste t-il d'humanité chez ces monstres qui furent hommes avant d'être monstres ? dans la relation qui s'installe au cours de la narration, la femme sait souvent toucher leur cœur et les attendrir, susciter en eux des sentiments proches de l'amour, ou même du sacrifice. Il faut dire qu'à leur décharge, ils sont souvent le fruit de la folie ou de la méchanceté des hommes ou d'un homme : manipulations génétiques, expériences scientifiques et médicales président à leur existence et ils sont souvent les victimes d'un savant fou ou d'un médecin diabolique (illustration 18 : Le médecin fou et le malade insensé). Ils peuvent alors se retourner contre leur créateur et ainsi sauver l'humanité. C'est alors que l'on atteint le mythe où l'homme affronte son double maléfique, et le monstre n'est pas toujours celui qu'on pense. Dans l'inconscient collectif la créature et son créateur finissent par se confondre. L'exemple de Frankenstein est le plus célèbre (illustration 19: Frankenstein) et a entraîné au cinéma une déclinaison impressionnante depuis la première adaptation du

Illustration 19: FRANKENSTEIN
James Whale. 1931
56x36 cm / 22x14 inches
Affiche belge / belgian poster

Shelley, where Boris Karloff is the first actor to embody a full-fledged movie character, has since been followed by an impressive series of remakes.

The first image, shown here, thanks to a Spanish program, features a real head case, a professor wearing diving goggles and manipulating his creation. The lead is held by the son of Lon Chaney, famous for his character interpretations of this type in many of the American movies of the 1920's. Movies such as Notre Dame de Paris or Le fantôme de l'Opéra were later made into numerous remakes. In this case, family tradition prevails!

In La novia del monstruo, Bela Lugosi, the creator of Dracula, personifies the monster while at the end of his chaotic career and is filmed by Ed Wood, also an aging producer, as exemplified by his 90's Tim

EL HOMBRE QUE FABRICABA MONSTRUOS / MAN MADE MONSTER / L'ECHAPPE DE LA CHAISE ELECTRIQUE
George Waggner. 1941
7x5 inches / 18x13 cm
Programme espagnol / Programme espagnol

roman de Mary Shelley en 1930 où Boris Karloff incarne le premier un personnage qui s'inscrit à part entière dans l'histoire du cinéma.

La première image ici présentée, grâce à un programme espagnol, nous montre un professeur très dérangé et portant des lunettes de plongée et qui manipule sa création. Le rôle titre est tenu par le fils de Lon Chaney célèbre pour ses interprétations de personnages de ce type dans plusieurs films du cinéma américain des années 20 . Ces films comme *Notre Dame de Paris* ou *Le fantôme de l'opéra* connurent par la suite de nombreux remakes. Dans ce cas tradition familiale oblige !

Avec *La novia del monstruo*, c'est Bela Lugosi , créateur du personnage de Dracula, qui incarne le monstre alors qu'il est au bout d'une carrière chaotique et filmée par Ed Wood, metteur

Illustration 20: L'ETRANGE CREATURE DU LAC NOIR / CREATURE OF THE BLACK LAGOON
Jack Arnold. 1954.
25x30 cm / 10x12 inches
Photographie d'exploitation / photography

Burton movie with Johnny Depp who plays the role of a producer. In the next series, the origin of fear and the danger it provokes lies again in the depths, themselves a source of anxiety. L'étrange creature du lac noir is the human monster version of the Loch Ness creature, a Scottish monster which attracts loads of thrill seekers. In the first poster, we wanted to convey the "before instant" (illustration 20: L'étrange creature du lac noir): before the monster grabs his victim, an occurrence which has already taken place in the Spanish program that follows for the same movie. The success of these 1950's productions, often shot in 3 dimensions, is the source of many remakes and sequels. It is precisely the case with La créature est parmi nous, where this time the monster grabs a man in order to get rid of him and to focus on the frightened woman. We find this type of monster again in Le continent des hommes-poissons where contact with these scaly webbed creatures should turn out to be sleek and cold. Nevertheless, they have arms and legs and appear closer to man.

In the next series, the creatures no longer live underwater but underground and are moreover albinos, as is the case with The Mole people. The knacker of cadavers, nicknamed Necrophagus comes from the underground world even though he is neither a ghost or a living dead. Finally, in Le monstre du train,

en scène lui même au bout du rouleau, tel qu'on le voit dans un film des années 90 de Tim Burton, avec Johnny Depp dans le rôle du metteur en scène.

Avec la série suivante, l'origine de la peur et le danger qu'elle suscite se trouve de nouveau dans les profondeurs, elles-même source d'angoisse. L'étrange créature du lac noir est la version monstre-humain de la créature du Loch Ness, monstre écossais qui attirent les touristes amateurs de frisson. Dans la première affiche, nous avons voulu montrer « l'instant d'avant » (illustration 20: L'étrange créature du lac noir) : avant que le monstre ne se saisisse de sa victime ce qui est déjà fait dans le programme espagnol qui suit pour le même film. Le succès de ces productions des années 50 souvent filmées en 3 dimensions est la source de nombreux remakes et suites. C'est le cas avec *Le Monstre est parmi nous*, où c'est l'homme dont le monstre se saisit afin de s'en

LA NOVIA DEL MONSTRUO / BRIDE OF THE MONSTER
Ed Wood. 1956
43x29 inches / 105x70 cm
Argentinian poster / Affiche argentine

we are only dealing with a man, a crude murderer who borrows the costumes of a group of friends who are gathered for a costume ball, this in order to better murder them, one after the other and while cloaking himself with their costumes.

On to the Giants, another permanent feature in literature and movies since Jonathan Swift and his Voyages de Gulliver (illustration 21: les voyages de Gulliver). Permanent giant like The amazing colossal man or provisional giant like Hulk, a reluctant monster, whose force and power enable him to get the woman he loves.

In Loup-Garou, we are once again dealing with myths and legends. This creature embodies man's ancestral fear of wolves and man's eternal fascination for this beast: all the more so since everyone can be concerned and turned into a beast. In order for this to happen, one has to be bitten by one of these creatures that only comes out during a full-moon, which invariably limits their ability to reproduce and to harm. (illustration 22: la maldicion del hombre lobo).

In Frankenstein rencontre le Loup-Garou (Frankenstein meets the Werewolf) two myths confront each others and fight over the female booty in a movie featuring

LE MONSTRE EST PARMI NOUS / THE CREATURE WALKS AMONG US / LA CREATURE EST PARMI NOUS
John Sherwood. 1956
18x14 inches / 45x35 cm
Belgian poster / Affiche belge

débarrasser pour mieux s'occuper de la femme terrorisée. On retrouve ce type de monstre avec *Le continent des hommes-poissons* où dotés d'écailles et de doigts palmés, le contact avec ces créatures doit s'avérer lisse et froid. Pourtant ils possèdent bras et jambes et se rapprochent de l'homme.

Dans la série suivante les créatures ne sont plus sous-marines mais souterraines et de surcroît albinos dans le cas *du Peuple de l'enfer* (The Mole people). L'équarrisseur de cadavres surnommé Necrophagus sort lui-même du monde souterrain alors qu'il ne s'agit pas d'un revenant ou d'un mort-vivant. Enfin dans *Le monstre du train*, il ne s'agit que d'un homme, vulgaire assassin qui emprunte les costumes d'une troupe d'amis réunis pour un bal costumé, pour mieux les assassiner les uns après les autres en revêtant leur costume.

Voici maintenant le tour des géants, autre permanence de la littérature et du cinéma depuis Jonathan Swift et ses Voyages

the usual big names for this kind of parts: Lon Chaney Jr, Bela Lugosi and Lionel Atwill in the part of the mad doctor.

The curse of Frankenstein, and The revenge of Frankenstein is actually a series: the 2 films are produced by the Hammer, Terence Fisher directs and Peter Cushing plays the doctor. The similarity of the images is striking and once again, it is an example of the "the time just before" the abduction and the woman seems resigned indeed submissive as far as what is about to happen to her is concerned. In the late 50's and early 60's, Hammer increased the variants with Peter Cushing and we can find two different posters for the release of the same movie (Evil of Frankenstein): a French poster and a German poster on which the doctor is gone, leaving the monster alone with his victim. Finally in La fille de Frankenstein (Frankenstein's daughter), we reach new heights: up until the 1980s, this film was considered to be the worst of the Frankenstein

LA MUJER Y EL MONSTRUO / CREATURE FROM THE BLACK LAGOON / L'ETRANGE CREATURE DU LAC NOIR
Jack Arnold. 1954
9x6 inches / 23x15 cm
Programme espagnol / Programme espagnol

LE CONTINENT DES HOMMES POISSONS / L'ISOLA DEGLI UOMINI PESCE
Sergio Martino. 1979
63x47 inches / 160x120 cm
French poster / Affiche française

de Gulliver (illustration 21: Les voyages de Gulliver). Géant définitif comme Le fantastique homme colosse (*The amazing colossal man*) ou géant provisoire comme Hulk, monstre malgré lui, dont la force et la puissance l'autorise à mettre la main sur la femme dont il est amoureux.

Avec le Loup-Garou, nous voici de nouveau dans le mythe et l'histoire des légendes. Cette créature incarne la peur ancestrale des hommes pour le loup et la fascination que cet animal a toujours exercé sur l'homme : d'autant que tout à chacun peut être concerné et se transformer. Il suffit pour cela d'être mordu par une de ces créatures qui n'apparaissent que les nuits de pleine lune, ce qui limite quelque peu leur capacité de reproduction et de nuisance. (illustration 22: la maldicion del hombre lobo) Dans *Frankenstein rencontre le Loup-garou* (Frankenstein meets the Werewolf) deux mythes s'affrontent et se disputent le butin féminin, avec dans le film une distribution où l'on retrouve nos ténors pour ce genre de rôle:

L'ETRANGE CREATURE DU LAC NOIR / CREATURE FROM THE BLACK LAGOON
Jack Arnold. 1954
33x24 inches / 80x60 cm
French poster / Affiche française

movies. The scenario accumulates a series of frenzies as the Doctor's grandson, also extremely deranged, builds monsters in today's Los Angeles, where he emigrated. The creature is a makeshift job with a severely mutilated woman's head transplanted on a man's body. In this movie, we find unusual actors like Harold Lloyd's son or Sandra Knight, wife to be of Jack Nicholson or John Ashley. Maybe this movie was ahead of its time, in an era where cloning makes man's survival in pieces worth contemplating. H.P Lovecraft, father of these experiments paved the way, and many movie adaptations from his novels were subsequently made, in particular, Reanimator, a festival of the severed head (illustration 23: *Re-animator*).

LE MONSTRE DU TRAIN / TERROR TRAIN
Roger Spottiswoode. 1980
63x47 inches / 160x120 cm
French poster / Affiche française

NECROPHAGUS
Michael Skaife (Miguel Madrid) 1971
39x27 inches / 100x70 cm
Spanish poster / Affiche espagnole

Lon Chaney Jr, Bela Lugosi et Lionel Atwill dans le rôle du docteur fou.

Avec *Frankenstein s'est échappé* (The curse of Frankenstein) et *La revanche de Frankenstein* (The revenge of Frankenstein) il s'agit d'une série : les 2 films sont produits par la Hammer, Terence Fisher les dirige et Peter Cushing interprète le docteur. La similitude des images est frappante et encore une fois, il s'agit de « l'instant d'avant » le rapt et la femme semble résignée, voire soumise à ce qui va lui arriver. Au tournant des années 50-60 la Hammer a multiplié les variantes avec Peter Cushing et on peut découvrir 2 affiches différentes pour l'exploitation du même film (Evil of Frankenstein) : une affiche française et une affiche allemande sur laquelle le docteur a disparu laissant le monstre en tête à tête avec sa victime. Enfin avec *La fille de Frankenstein* (Frankenstein's daughter) on atteint des sommets : jusqu'aux années 80, ce film a été considéré comme le plus mauvais de tous les Frankenstein. Le scénario accumule les délires puisqu'il s'agit du petit-fils du docteur, lui-

MENACES SOUS LA TERRE / THE MOLE PEOPLE
Virgil Vogel. 1956
22x14 inches / 56x36 cm
Belgian poster / Affiche belge

HULK REVIENT / BRIDE OF THE
INCREDIBLE HULK
Kenneth Johnson. 1978
63x47 inches / 160x120 cm
French poster / Affiche française

LE COLOSSE DE NEW-YORK / THE COLOSSUS OF NEW-YORK
Eugène Lourie. 1958
48x36 cm / 19x14 inches
Affiche belge / Belgian poster

Illustration 21:
LES VOYAGES DE GULLIVER
Jonathan Swift. 1726
Gravure / etching

même complètement dérangé et qui fabrique des monstres dans le Los Angeles d'aujourd'hui où il a émigré. La créature est ici un bricolage où une tête de femme sévèrement mutilée est greffée sur un corps d'homme. On trouve dans ce film des acteurs insolites comme le fils d'Harold Lloyd ou Sandra Knight, future madame Jack Nicholson ou John Ashley.

Peut-être ce film était-il simplement en avance sur son temps à l'heure où le clonage permet d'envisager pour l'homme une survie en kit. H.P. Lovecraft, père de ces manipulations, avait ouvert la voie et nombreuses furent les adaptations au cinéma de ses romans et en particulier Reanimator, festival de la tête coupée (illustration 23: Re-animator).

THE AMAZING COLOSSAL MAN / LE FANTASTIQUE HOMME COLOSSE
Bert I. Gordon. 1957
41x27 inches / 104x69 cm
American poster / Affiche américaine

LA REVANCHE DE FRANKENSTEIN / THE REVENGE OF FRANKENSTEIN
Terence Fisher. 1958
48x36 cm / 19x14 inches
Affiche belge / Belgian poster

EL RETORNO DEL HOMBRE LOBO
Jacinto Molina. 1980
39x27 inches / 100x70 cm
Spanish poster / Affiche espagnole

Illustration 22:
LA MALDICION DEL HOMBRE LOBO / THE CURSE OF THE WEREWOLF / LA NUIT DU LOUP-GAROU
Terence Fisher. 1961
32x24 cm / 12,5x9,5 inches
Manuel d'exploitation / press-book

FRANKENSTEIN RENCONTRE LE LOUP-GAROU / FRANKENSTEIN MEETS THE WOLF MAN
Roy William Neill. 1943
63x47 inches / 160x120 cm
French poster / Affiche française

FRANKENSTEIN UGENHEURER / THE EVIL OF FRANKENSTEIN / L'EMPREINTE DE FRANKENSTEIN
Freddie Francis. 1964
32x23 inches / 80x60 cm
German poster / Affiche allemande

L'EMPREINTE DE FRANKENSTEIN / THE EVIL OF FRANKENSTEIN
Freddie Francis. 1964
32x23 inches / 80x60 cm
French poster / Affiche française

LA HIJA DE FRANKENSTEIN / FRANKENSTEIN'S DAUGHTER
Richard E. Cunha. 1958
39x27 inches / 100x70 cm
Spanish poster / Affiche espagnole

Illustration 23:
REANIMATOR / THE REANIMATOR
Stuart Gordon. 1985
39x27 inches / 100x70 cm
Spanish poster / Affiche espagnole

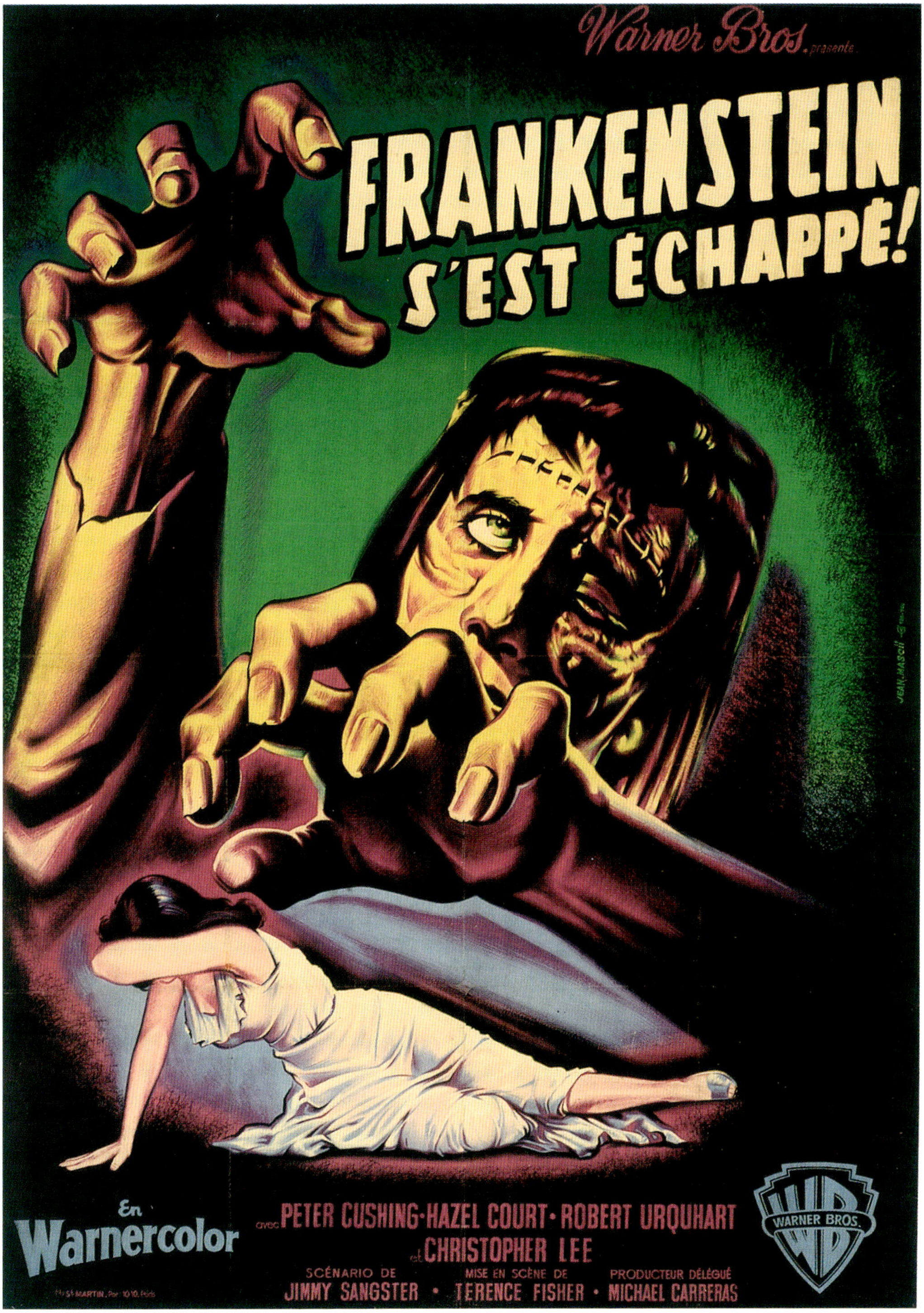

FRANKENSTEIN S'EST ECHAPPE / THE CURSE OF FRANKENSTEIN
Terence Fisher. 1957
63x47 inches / 160x120 cm
French poster / Affiche française

CHAPTER V: THE HUMAN MONSTERS

In this chapter, the boundary with the previous one is blurry: one only has to switch the prevailing character in the duality of these individuals and focus on their human appearance. We are no longer dealing with human monsters but monstrous humans.

Ghosts belong to this category and the first one encountered is a baron, Lord of the Manor. The exhumation of a cadaver and the discovery of a will have to take place in order for morality and love to eventually prevail. We are dealing more with romance, than with a horror movie. Jean Cocteau, author of the argument for this Baron Fantôme fully sizes up this mystery two years later with Beauty and the Beast , now as a producer. Once again, man prevails over the Beast and love triumphs.

In the numerous versions of the Phantom of the Opera, adapted from the works by Gaston Leroux, classicism of this particular genre resurfaces. The three versions of 1925, 1943 and 1962 closely follow the novel and set off the other side of the Charles Garnier's building as well as the obscure and inaccessible part of this construction in which the foundation conceals a massive underground lake and a maze of hidden passages.

(illustration 24: Le fantôme de l'opéra). Lon Chaney, Claude Rains and Herbert Lom successively play the ghost in love with the prima donna in the main aria of Norma.

Mad Scientist and genetic manipulations, but this time in a high school with Mutations. To accelerate and control evolution at the expense of losing several students in the process is

CHAPITRE V: LES HOMMES MONSTRUEUX

Pour ce chapitre, la frontière avec le précédent est floue : il suffit d'inverser le caractère dominant dans la dualité ces personnages et de mettre l'accent sur leur aspect humain. Ce ne sont plus des monstres humains mais des hommes monstrueux.

Les fantômes appartiennent à cette catégorie et le premier que nous rencontrons est baron et châtelain. Exhumation d'un cadavre et découverte d'un testament sont les ressorts de l'action afin que morale et amour triomphent. Nous sommes plus dans une romance que dans un film d'épouvante. Jean Cocteau auteur de l'argument pour ce Baron Fantôme donne sa pleine mesure de mystère deux ans plus tard avec La Belle et la Bête où il passe à l'acte comme metteur en scène. Une fois encore l'homme l'emporte sur la bête et l'amour triomphe.

Avec les nombreuses versions du Fantôme de l'Opéra (Phantom of the Opera) d'après l'œuvre de Gaston Leroux, nous réintégrons le classicisme du genre. Les trois versions de 1925, 1943 et 1962 sont fidèles au roman et valorisent le bâtiment de Charles Garnier dans l'envers du décor et dans la partie obscure et inaccessible de cette construction dont les fondations cachent un immense lac souterrain et des dédales de passages mystérieux.

(illustration 24: Le fantôme de l'opéra). Lon Chaney, Claude Rains et Herbert Lom incarnent successivement le fantôme amoureux de la cantatrice dans le grand air de Norma.

Savant fou et manipulations génétiques mais cette fois dans un collège avec *Mutations*.

EL BARON FANTASMA / LE BARON FANTOME
Serge de Poligny. 1943
39x27 inches / 100x70 cm
Spanish poster / Affiche espagnole

LA BELLE ET LA BETE / BEAUTY AND THE BEAST
Jean Cocteau. 1946
80x60 cm / 32x23 inches
Affiche française / French poster

Illustration 25:
LE MONSTRE SANS VISAGE / LADRON DE CADAVERES
Fernando Mendes. 1956
80x60 cm / 32x23 inches
Affiche française / french poster

the endeavor undertaken here by Donald Pleasence: guaranteed anxiety.

In the Mexican movie, La sombra vengadora, the first masked avenger inspired by Zorro and prior to Santo, Neutron or Blue Demon fights against La Mano Negra whose worrisome silhouette is dressed in black from head to toe. His main activities revolve around murder, torture and blackmail and he leaves his victims torn to shreds by a bloody hand by way of signature. (illustration 25: Le monstre sans visage).

El jorobado de la morgue, a Spanish production adds to the confusion because of the cheerful blend with the mystery story by E. A. Poe, Double assassinat dans la rue Morgue, a murder commited by a monkey, and Victor Hugo's novel, Notre Dame de Paris. In fact, the creature is a hunchback, who hasn't got much up top, is very similar to Quasimodo, works at the morgue and fuels this confusion thanks to the criminal ape who strikes in the street of the same name. Surely the creature named Gotho is manipulated by a doctor who exploits his feelings (illustration 26: Dissection de la jolie francfortaise par le professeur Hasselhorst). The movie's atmosphere is gothic and there is an accelerated rhythmic succession of gory scenes with a backdrop of the catacombs; this movie is really not for everyone's taste!

We remain in the Gothic period with the cathedral of Paris for the adaptation of this classic from French literature, Notre Dame de Paris, one of the most frequently adapted novels in the movie industry. Charles Laughton plays the part of the hunchback in this

Dans *La sombra vengadora*, production du cinéma mexicain, apparaît le premier vengeur masqué d'une longue série inspiré par Zorro et avant Santo, Neutron ou encore Blue Demon est un justicier qui lutte contre La Mano Negra dont la silhouette inquiétante est vêtue de noir de pied en cape. Ses activités principales résident dans le meurtre, la torture et le chantage et il abandonne ses victimes lacérées par une main sanglante en guise de signature (illustration 25: Le monstre sans visage).

El jorobado de la morgue, production espagnole accroît la confusion car l'on y mélange allégrement la nouvelle de E.A. Poe, Double assassinat dans la rue Morgue, qui est commis par un singe, avec le roman de Victor Hugo, Notre Dame de Paris.

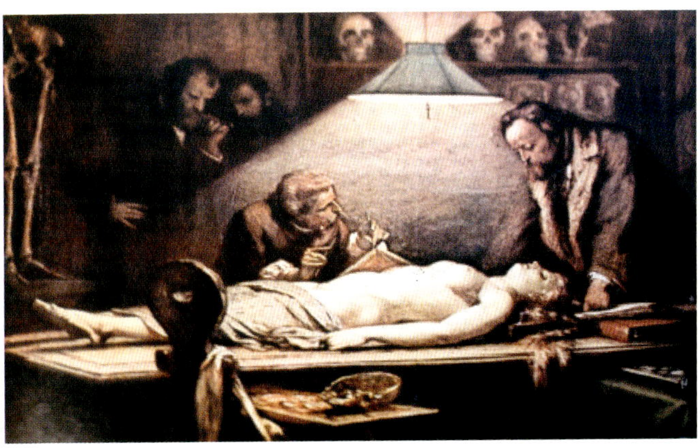

Illustration 26:
DISSECTION DE LA JOLIE FRANCFORTAISE PAR LE PROFESSEUR HASSELHORST
1865
Huile sur toile / oil on canvas
Musée de Francfort / Main

Quasimodo (The hunchback of Notre Dame) version of 1939. (illustration 27: Quasimodo sauvant la Esmeralda des mains de ses bourreaux).

The movie I Diavoli N° 2 (Blue Blood) is a blatant forgery as far as its title is concerned. It has nothing in common with Les Diables by Ken Russell, aside from starring the actor Oliver Reed and a distant connection with this movie in terms of "possession".

It is a dark tale of misappropriation of personal property by a real nasty servant blaming his master for his dissolute life and whose mistress will be subjected to an attempt at bewitchment through witchcraft and the complicity of bogus monks. In La chambre des horreurs, the plot revolves around an armless man who has suffered a great deal, and who lost his hand while escaping a hanging. The instrument, or rather the instruments of vengeance are screwed on the stump, much the same way bits are screwed on a drill: we

Illustration 24:
LE FANTOME DE L'OPERA / PHANTOM OF THE OPERA
Arthur Lubin. 1943
80x60 cm / 32x23 inches
Affiche française / french poster

LE FANTOME DE L'OPERA / THE PHANTOM OF THE OPERA
Terence Fisher. 1962
19x14 inches / 48x36 cm
Belgian poster / Affiche belge

Accélérer et contrôler l'évolution au prix de la disparition de quelques étudiants, voici le programme que Donald Pleasence se charge de mettre en place: inquiétude garantie.

En effet, la créature est un bossu, plutôt bas de plafond, très semblable à Quasimodo qui officie à la Morgue et alimente cette confusion entre le singe criminel qui frappe dans la rue du même nom. Bien sûr la créature qui se nomme Gotho est manipulée par un docteur qui exploite ses sentiments (illustrations 26: Dissection de la jolie francfortaise par le professeur Hasselhorst) (Illustration 27: Quasimodo sauvant la Esmeralda des mains de ses bourreaux). L'atmosphère du film est gothique et les scènes gore se succèdent à un rythme accéléré sur fonds de catacombes; ce film n'est vraiment pas pour tout le monde!

Gothique également la cathédrale de Paris pour l'adaptation d'un classique de la littérature française, Notre Dame de Paris, roman parmi les plus adaptés au cinématographe. Il s'agit

LE FANTOME DE L'OPERA / THE PHANTOM OF THE OPERA
Terence Fisher. 1962
63x47 inches / 160x120 cm
French poster / Affiche française

are somewhere in between Captain Hook and Massacre à la tronçonneuse. The accessories can be hooks, choppers, blades or needles. This rather ridiculous intention in its systematic approach is nevertheless entertaining and this movie was supposed to be a pilot for a Warner Brothers television program entitled Maison de cire which was deemed too risqué for television at the time. Back to literature with Edgar Wallace (1875-1932) a popular English writer, father of King Kong, adapted as a roman by D.W. Lovelace in 1932. The German production "Die blaue hand", known in French under the title "La main de l'épouvante" takes place in London and it is a still youthful Klaus Kinski, who plays a double role and cheerfully kills young girls. In this poster, it is the "last instant" rather than the "instant before" for the poor girl dressed very lightly during a cold thundering night at the foot of Big Ben. This poster is an adaptation of an older poster for another adaptation of an Edgar Wallace novel, but this time, it is a hunchback who is the assassin, once again at the foot of Big Ben. (illustration 28: Le bossu de Londres).

Also an assassin, this Monstre de Venise, decked out in a mask strangely reminiscent of the killer's

LA SOMBRA VENGADORA
Rafael Baledon. 1954
39x27 inches / 100x70 cm
Spanish poster / Affiche espagnole

du Quasimodo (The huntchback of Notre Dame) de 1939 avec Charles Laughton dans le rôle du bossu.

Abus d'écriture pour le titre suivant *I Diavoli n°2* (Blue Blood)qui n'a en commun avec *Les Diables* de Ken Russell que l'acteur Oliver Reed et un lointain cousinage en terme de « possession ». Il s'agit d'une sombre histoire de détournement de biens matériels par un très méchant valet de chambre reprochant à son maître sa vie dissolue. La maîtresse de ce dernier ainsi que lui même seront l'objet d'une tentative d'envoûtement grâce à la sorcellerie et à la complicité de faux moines.

Dans *La chambre des horreurs*, l'argument est la vengeance d'un manchot à qui l'on en a fait voir de toutes les couleurs, et qui a perdu sa main en échappant à une pendaison. L'instrument ou plutôt les instruments de la vengeance seront vissés sur le moignon de la même façon que les mèches d'une perceuse

outfit in the Scream series, thirty years earlier. He lives in the depths of the city of the doges where, once he has killed his victims he, not unlike a taxidermist, stuffs them and lines them up on underground shelves like so many stuffed birds. In the cynical Doctor Orloff, we once again deal with a series. The first film by Jess Franco, is inspired by a Georges Franju movie (Les yeux sans visage) and is entitled L'horrible Docteur Orloff, which sets the tone. (illustration 29: L'horrible Dorlof). Howard Vernon, who had not yet started his career in this genre of movies, embodies this character whose monstrous actions are spread throughout the 1960s up until the very strange Orloff et l'homme invisible by Pierre Chevalier, a masterpiece of the B series in which we find all the ingredients of this particular genre: a gothic castle, a frightened inn-keeper and villagers, a coachman unwilling to take the travelers to the castle... As for the poster, it could well be found in many chapters since it depicts a diabolical scientist who perpetuates his evil mischief with the use of an invisible creature which actually happens to be none other than a monkey. In this movie, the young Brigitte Carva meets with universal approval: caught

EL JOROBADO DE LA MORGUE / LE BOSSU DE LA MORGUE
Javier Aguirre. 1972.
39x27 inches / 100x70 cm
Spanish poster / Affiche espagnole

électrique : nous sommes entre le Capitaine Crochet et Massacre à la tronçonneuse. Les accessoires peuvent être des crochets, des hachoirs, des lames ou des piques. Ce propos quelque peu ridicule dans le systématique reste divertissant et ce film devait servir de pilote chez Warner Bros pour un programme de télévision intitulé Maison de cire qui fut jugé trop osé pour la télévision de l'époque.

Retour à la littérature avec Edgar Wallace (1875-1932) écrivain populaire anglais, concepteur de King Kong, adapté en roman par D. W Lovelace en 1932. La production allemande « Die blaue hand », en français « La main de l'épouvante » se passe à Londres et c'est un Klaus Kinski , encore jeune, qui y joue un double rôle et assassine allégrement des jeunes filles. Dans cette affiche , il s'agit plutôt du « dernier instant » que de « l'instant

NOTRE DAME / THE HUNCHBACK OF NOTRE DAME / QUASIMODO
William Dieterle. 1939
39x28 inches / 99x71 cm
Italian poster / Affiche italienne

MUTATIONS / THE MUTATIONS
Jack Cardiff. 1973
19x14 inches / 48x36 cm
Belgian poster / Affiche belge

Illustration 27: QUASIMODO SAUVANT LA ESMERALDA DES MAINS DE SES BOURREAUX
Mlle Henry. c.1910
Huile sur toile / oil on canvas
Maison de Victor Hugo. Paris

d'avant » pour la malheureuse qui est en tenue bien légère par une nuit d'orage au pied de Big Ben. Cette affiche reprend elle-même une autre affiche pour une autre adaptation pour un roman d'Edgar Wallace, mais cette fois-ci , c'est un bossu qui est l'assassin toujours au pied de Big Ben. (illustration 28 : Le bossu de Londres)

Assassin également, ce *Monstre de Venise*, affublé d'un masque qui rappelle étrangement trente ans auparavant le déguisement du tueur de la série Scream , vit dans les profondeurs de la Cité des Doges où après les avoir tuées, il taxidermise ses victimes et les aligne sur des étagères souterraines comme une collection d'oiseaux empaillés .

Avec le cynique *Docteur Orloff*, il s'agit d'une série. Le premier signé Jess Franco s'inspire d'un film de Georges Franju (Les yeux sans visage) et apparaît sous le titre *L'horrible Docteur Orloff* qui donne le ton (illustration 29 : L'horrible Dorlof) . Howard Vernon, qui

LE MONSTRE DE VENISE / IL MOSTRO DI VENEZIA / THE MONSTER OF VENICE
Dino Tavella. 1965
63x47 inches / 160x120 cm
French poster / Affiche française

LA CHAMBRE DES HORREURS / CHAMBER OF HORRORS
Hy Averback. 1966
63x47 inches / 160x120 cm
French poster / Affiche française

LA MAIN DE L'EPOUVANTE / DIE BLAUE HAND / THE CREATURE WITH THE BLUE HAND
Alfred Vohrer. 1967
63x47 inches / 160x120 cm
French poster / Affiche française

Illustration 28: LE BOSSU DE LONDRES / DER BUCKLIGE VON SOHO / THE HUNCHBACK OF SOHO
Alfred Vohrer. 1966
63x47 inches / 160x120 cm
French poster / Affiche française

between sex and violence she is unlike these clean and sleek plastic dolls, but acts as a real woman who leads the other protagonists into an erotically-tainted form of realism. To set the mysterious East with the West has always been the subject of a stereotypically form of readings for teenagers and has become part of mainstream literature. Fu-Manchu, La Main jaune, L'Ombre jaune or even Monsieur Wong, interpreted by Bela Lugosi, all these designations cover a multitude of characters outfitted in Mandarin dresses with hanging mustaches and plaited braids who embody the spirit of Asia, a cruel, unsettling and threatening continent (illustration 30: Fu Manchou). In Las novias de Fu-Manchu, the cruel doctor rules his evil empire from an African hideout. He plans on putting pressure on the

Illustration 31:
LAS NOVIAS DE FU MANCHU / THE BRIDES OF FU-MANCHU / LES TREIZE FIANCEES DE FU-MANCHU
Don Sharp. 1966
30x24 cm / 12,5x9,5 inches
Manuel d'exploitation / press-book

Illustration 30:
FU MANCHOU / THE MYSTERIOUS Dr FU MANCHU
Rowland V. Lee. 1929
80x60 cm / 32x23 inches
Affiche belge / belgian poster

n l'avait pas démarré sa carrière dans ce genre de films incarne ce personnage dont les monstruosités s'étalent dans les années 60 jusqu'au très curieux *Orloff et l'homme invisible* signé Pierre Chevalier, chef d'œuvre de la série B dans lequel on trouve tous les ingrédients du genre : château gothique, auberge et villageois apeurés, cocher rétif à, conduire les voyageurs au château … Quant à l'affiche, elle pourrait se trouver dans plusieurs chapitres puisqu'il s'agit d'un scientifique démoniaque qui perpétue ces méfaits grâce à une créature rendue invisible qui n'est autre qu'un singe. Dans ce film, c'est la jeune personne interprétée par Brigitte Carva qui emporte l'adhésion. Entre sexe et violence, elle n'a pas l'air de ces poupées en plastique bien propres et bien lisses : il s'agit d'une véritable femme qui entraînent les autres protagonistes dans un réalisme pourtant teinté d'érotisme.

Opposer l'Orient mystérieux à l'Occident a toujours été le sujet d'une littérature stéréotypée pour adolescents qui s'inscrit dans la grande histoire. Fu-Manchu, La Main jaune, l'Ombre jaune ou encore Monsieur Wong interprété par Bela Lugosi, toutes ces

world's greats by abducting their daughters in order to satisfy his terrorist aims of world domination. He manages to kidnap a dozen of them whom he considers his "fiancés" The American poster, here shown in second place emphasizes this particular aspect in the movie with the slogan "rather dead than married" while the Spanish press kits (illustration 31: Las novias de Fu-manchu) underline the confrontation between two worlds, or rather between two continents on the subject of terrorism.

I DIAVOLI N°2 / BLUE BLOOD
Andrew Sinclair. 1973
200x140 cm / 79x55 inches
Italian poster / Affiche italienne

appellations recouvrent une multitude de personnages habillés en mandarins avec moustaches tombantes et nattes tressées qui incarnent l'Asie, continent cruel, inquiétant et menaçant (illustration 30 : Fu Manchou). Dans *Las novias de Fu-Manchu*, le cruel docteur dirige son empire du mal depuis un repaire en Afrique. Il compte faire pression sur les grands de ce monde en enlevant leurs filles afin d'assouvir ses plans terroristes de domination mondiale. Elles sont une douzaine retenues entre ses mains et ils les considèrent comme ses « fiancées ». L'affiche américaine ici présentée en second met l'accent sur cet aspect du film avec le slogan »plutôt morte que mariée » tandis que le dossier de presse espagnol (illustration 31 : Las novias de Fu-manchu) insiste sur la confrontation de deux mondes ou plutôt de deux continents sur le terrain du terrorisme.

ORLOFF ET L'HOMME INVISIBLE / DR ORLOFF'S INVISIBLE MONSTER
Pierre Chevalier. 1971
63x47 inches / 160x120 cm
French poster / Affiche française

ORLOFF Y EL HOMBRE INVISIBLE / ORLOFF ET L'HOMME INVISIBLE / DR ORLOFF'S INVISIBLE MONSTER
Pierre Chevalier. 1971
39x27 inches / 100x70 cm
Spanish poster / Affiche espagnole

Illustration 29 : L'HORRIBLE DORLOF / GRITOS EN LA NOCHE / L'HORRIBLE DOCTEUR ORLOF / CRIES IN THE NIGHT
Jess Franco. 1962
34x55 cm / 13x21,5 inches
Affiche belge / belgian poster

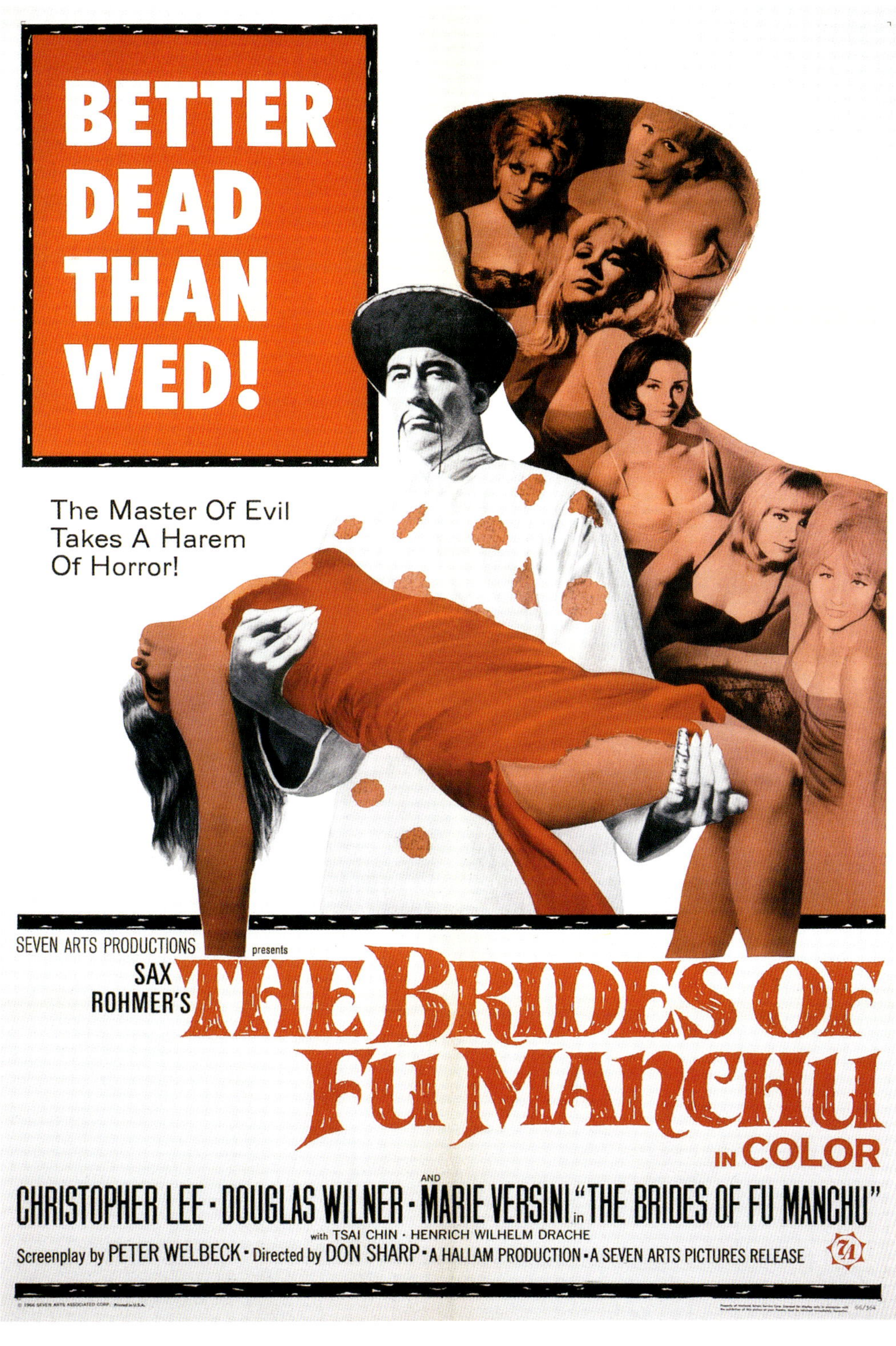

THE BRIDES OF FU-MANCHU / LES TREIZE FIANCEES DE FU-MANCHU
Don Sharp. 1966
41x27 inches / 104x69 cm
American poster / Affiche américaine

Chapter VI: THE LIVING DEAD

Chapitre VI : LES MORTS - VIVANTS

With the living dead, the zombies, the vampires and their representatives, the most flamboyant of whom being Count Dracula, we are back, as with Frankenstein, in the great literary and cinematographic history, but also in the mysterious realms of this particular domain. Bram Stoker (1847-1912) is the father of this particular genre. Irish, born in Dublin, he was a friend of many celebrities of that time: Henry Irving, a young comedian who had his hour of fame, the famous American poet Walt Whitman whom he met several times and with whom he kept a lengthy correspondence, but also the Wilde family who held a salon in Dublin and their son, the young, 17 years old Oscar. Published in 1897, 80 years after Mary Shelley's Frankenstein, Dracula, Prince of Darkness, was an instant success in a London influenced by secret societies and the current exploits of Jack the Ripper in the streets of Whitechapell.

However, we start our series with yet another prince of the bizarre: Edgar Alan Poe, a prolific source of terror in movies in the great lineage of Anglo-Saxon Romanticism and a literary galaxy in his own right. Roger Corman makes the most of E.A. Poe's work by adapting a number of his novels: The pit and the pendulum, The raven,

Illustration 32:
IL SEPOLTO VIVO / THE PREMATURE BURIAL / L'ENTERRE VIVANT
Roger Corman. 1962
140x100 cm / 55x39 inches
Affiche italienne / italian poster

Avec les morts-vivants, les zombies, les vampires et leurs représentants dont le plus flamboyant d'entre eux, le Comte Dracula, nous re-voilà, comme avec Frankenstein, dans la grande histoire littéraire et cinématographique mais aussi dans celle aussi qui touche au mystère. C'est Bram Stoker (1847-1912) qui en est le père. Irlandais, né à Dublin, il fut l'ami des hommes et des femmes célèbres de son époque : Henry Irving, jeune comédien appelé à la gloire, le grand poète américain Walt Whitman qu'il rencontra plusieurs fois et avec qui il échangea une importante correspondance, mais aussi la famille Wilde qui tient salon à Dublin et leur fils, le jeune Oscar, âgé de 17 ans. Publié en 1897, soit quelque 80 ans plus tard que le Frankenstein de Mary Shelley, Dracula, prince des ténèbres, connaît un succès immédiat dans un Londres marqué par les Sociétés secrètes et l'actualité des exploits de Jack l'Eventreur dans les rues de Whitechapell.

Pourtant c'est avec un autre prince de l'étrange que nous commençons cette série : Edgard Alan Poe, source prolifique de l'épouvante au cinéma dans la grande lignée du Romantisme anglo-saxon et galaxie littéraire à lui tout seul. Roger Corman exploite au maximum l'oeuvre de E.A. Poe en adaptant nombre

I MAGHI DEL TERRORE / THE RAVEN / LE CORBEAU
Roger Corman. 1963
140x100 cm / 55x39 inches
Affiche italienne / Italian poster

The mask of the red death, Tomb of Ligea, The fall of the house of Usher or The premature burial (illustration 32: Il sepolto vivo). On this subject, the medical literature of the 18th century is filled with anecdotes on people buried alive and mentions numerous cases of premature burials. The naturalist Buffon, like the surgeon Winslow, insist that there are no tangible signs that would confirm the reality of death.

The door is open to the living dead and to their invasion. In the three posters promoting the same movie (L'invasion des morts-vivants), the dead are brought back to life thanks to a voodoo ritual and become entirely submissive to the will of their master, much like zombies under a spell. In L'enfer des zombies, the story begins in New York as depicted on the poster

L'INVASION DES MORTS-VIVANTS / THE PLAGUE OF THE ZOMBIES
John Gilling. 1965
63x47 inches / 160x120 cm
French poster / Affiche française

L'INVASION DES MORTS-VIVANTS / THE PLAGUE OF THE ZOMBIES
John Gilling. 1965
32x23 inches / 80x60 cm
French poster / Affiche française
Reissue 70's / Ressortie années 70

de ses nouvelles: La chambre des tortures (the pit and the pendulum), Le corbeau (The raven), Le masque de la Mort rouge (The mask of the red Death), la tombe de Ligea (Tomb of Ligea), La chute de la maison Usher (Fall of house of Usher), ou L'enterré vivant (The premature burial) (illustration 32: Il sepolto vivo). A ce propos, la littérature médicale du 18eme siècle abonde d'anecdotes sur les enterrés vivants et rapporte de nombreux cas d'inhumations précipitées. Le naturaliste Buffon comme le chirurgien Winslow prétendent qu'il n'existe aucun signe permettant d'affirmer avec certitude la réalité de la mort.

La porte est ouverte aux morts-vivants et à leur invasion. Dans les trois affiches présentées pour le même film *L'invasion des morts-vivants*, les morts sont ressuscités grâce à un rituel vaudou et soumis entièrement à la volonté de leur maître comme des zombies sous influence. Avec *L'enfer des zombies*, l'histoire démarre à New-

with the arrival of a ghost ship. This particular intrigue takes us to an island in the Caribbean where a clumsy doctor brings the dead back to life as a result of questionable experiments. With the influence of the movies of George Romero (illustration 33: Zombi), the creatures ask for human flesh in order to feed themselves. Very soon, the living become entangled in a desperate predicament.

The fourth section of a tetralogy hatched by Armando Ossorio, *La chevauchée des morts-vivants* is probably his best. After La révolte, Le retour and Le monde des morts-vivants, he finishes off the series of these Spanish productions inspired by the movies of Universal and Hammer. Every time we are dealing with living dead Templar Knights claiming their tribute of fresh female flesh. The poster depicts the

LA CHEVAUCHEE DES MORTS-VIVANTS / LA NOCHE DE LAS GAVIOTAS
Armando de Ossorio. 1975
63x47 inches / 160x120 cm
French poster / Affiche française

LA LUNGA NOTTE DELL' ORRORE / THE PLAGUE OF THE ZOMBIES / L'INVASION DES MORTS-VIVANTS
John Gilling. 1965
79x55 inches / 200x140 cm
Italian poster / Affiche italienne

York comme on le constate sur l'affiche avec l'arrivée d'un bateau fantôme. L'intrigue nous conduira sur une île des Caraïbes où un docteur maladroit ressuscite les morts grâce à des expérimentations douteuses. Sous l'influence des films de George Romero (illustration 33:Zombi), les créatures réclament de la chair humaine pour se nourrir. Très vite, la situation du groupe des vivants s'avère

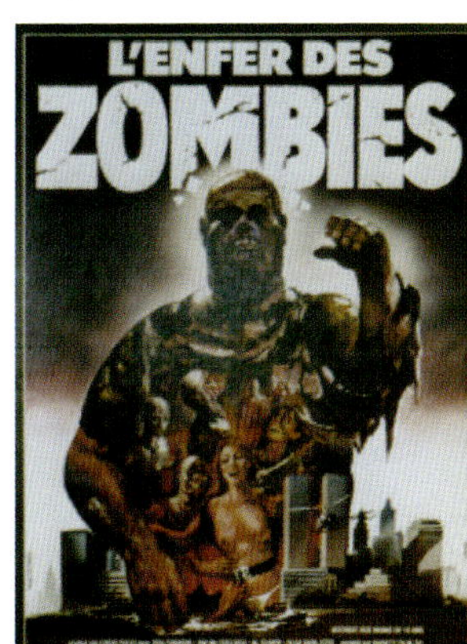

L'ENFER DES ZOMBIES / ZOMBI 2 / ZOMBIE
Lucio Fulci. 1979.
25x17 inches / 60x40 cm
French poster / Affiche française

EVIL DEAD L'OPERA DE LA TERREUR / EVIL DEAD
Sam Raimi. 1982
25x17 inches / 60x40 cm
French poster / Affiche française

ride of the skeletons of the hooded knights filmed in slow motion.

A gathering of numerous classics of this genre such as Massacre à la tronçonneuse, La nuit des morts-vivants ou Vendredi 13, *Evil Dead* does not refute its origins. A second wind which takes one's breath away but opposes nature to a civilization embodied by a group of unruly and pretentious American teenagers. Their fate will soon be settled by an environment which takes revenge by activating a diabolical book. Nobody will survive the "Opéra de la terreur", a movie with a staggering stylization.

In the *Château de l'horreur*, a late manifestation of Frankenstein, and a movie with a most boring plot of the kind, the innovation stems from the poster itself, which depicts a young lady, perhaps willing, voluptuously clasped in the arms of a living-dead skeleton. The discovery of Toutankhamon's tomb, in 1924 by Carter, gave birth to a new generation of horror movies revolving around the theme of the Mummy such as Dans les griffes de la Momie. Waking up an Egyptian mummy and deciphering the hieroglyphics of its tomb always constitutes a major danger for an Egyptologist even when it is a child's tomb. An inexhaustible scenario since 1932, with the

Illustration 36:
DRACULA / BRAM STOKER'S DRACULA
Francis Ford Coppola. 1992.
160x120 cm / 63x47 inches
Affiche française / french poster

first version of La momie, starring Boris Karloff as the main character (illustration 34: The mummy).

Paradoxically, it was in the 18th century, during the Age of Enlightenment that the controversy about the existence of vampires really started. Spectropathy, which is based on visual and palpable hallucinations, eventually became a serious epidemic which culminated in 1730-35. Largely criticized by Voltaire, a whole genre of literature stemmed from this movement all over Europe- a continent plagued by nightmares which brought about an overall climate of collective terror. "Magia Posthuma" by Ferdinand de Schertz (1706), "Treaty on the state of the dead and the resuscitated" by Tomas Burnet (1731) or "Philosophical and Christian thoughts on Vampires" by Jean-Christophe Herenberg

désespérée.

Quatrième volet d'une tétralogie concoctée par Armando Ossorio, *La chevauchée des morts-vivants* est probablement le meilleur. Après la Révolte, le Retour et le Monde des morts-vivants, il clôt la série de ces productions espagnoles inspirées par les films de la Universal et de la Hammer. Il s'agit à chaque fois de Templiers morts-vivants qui réclament leur tribut de chair fraîche d'origine féminine. L'affiche représente la chevauchée des squelettes des Templiers encapuchonnés filmée au ralenti.

Assemblage de nombreux classiques du genre tels Massacre à la tronçonneuse, La nuit des morts-vivants ou Vendredi 13, *Evil Dead* ne renie pas ses sources. Un nouveau souffle qui décoiffe mais oppose la nature à la civilisation incarnée par une bande d'adolescents américains insupportables de prétention et de supériorité. Leur sort sera vite réglé par un environnement qui se venge grâce à l'activation d'un livre démoniaque. Aucun ne survivra à « l'Opéra de la terreur », film à la stylisation époustouflante.

Dans *Le château de l'horreur*, avatar tardif de Frankenstein et film à, l'argument des plus banal dans le genre, l'innovation vient de l'affiche elle - même

(1733) are few of the many examples. Dom Augustin Calmet, a Benedictine monk, residing in the Lorraine region, Abbey of the very rich and influential Senones monastery and famous man of letters of his time, published in 1751, his "dissertation on the flesh ghosts, the excommunicated, the oupires or vampires, the brucolaques, etc..." which reflects on the subject of vampirism. The vampires, who, depending on the regions, from Moravia to Bohamia by way of Greece, are known under the names of Oupires, Brucolaques, Katanès or Vourdalaks, torment the living, especially their friends and parents, by sucking their blood.

The first poster of the series is also the poster for the most famous post-war movie about Dracula: *Le cauchemar de Dracula* in the continuity of Nosfératu

Illustration 33:
ZOMBI / DAWN OF THE DEAD / ZOMBIE
George Romero. 1978.
100x70 cm / 39x27 inches
Affiche espagnole / spanish poster

qui nous montre une jeune femme, peut être consentante, enlacée voluptueusement par les bras d'un squelette, mort (-vivant).

La découverte en 1924 par Carter de la tombe de Toutankhamon a donné naissance à une génération de films d'horreur autour du mythe de la Momie dont *Dans les griffes de la Momie*. Réveiller une momie égyptienne et lire les hiéroglyphes de sa tombe constitue toujours pour un égyptologue un grand danger même quand il s'agit de la tombe d'un enfant. Un scénario inépuisable depuis 1932, avec la première version de La momie avec Boris Karloff dans le rôle (illustration 34: The mummy).

Paradoxalement c'est au 18eme siècle, siècle des Lumières et du rationalisme, que la réalité de l'existence des vampires connaît la controverse. La spectropathie fondée sur des hallucinations de la vue et du toucher se transforment en véritable épidémie qui connaît un sommet dans les années 1730-35. Critiquée par Voltaire, toute une littérature fleurit dans une Europe en proie à des cauchemars qui entretenaient un climat de terreur collective. « Magia Posthuma » de Ferdinand de Schertz (1706), « Traité de l'état des morts et ressuscitants » de Tomas

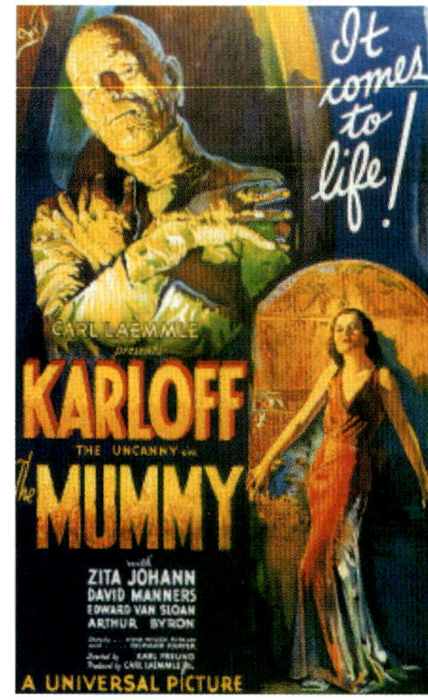

Illustration 34:
THE MUMMY / LA MOMIE
Karl Freund. 1932.
104x69 cm / 41x27 inches
Affiche américaine / american poster

Burnet(1731) ou « Pensées philosophiques et chrétiennes sur les Vampires » de Jean-Christophe Herenberg (1733) en sont quelques exemples. Dom Augustin Calmet, bénédictin, établi en Lorraine et abbé du très riche et influent monastère de Senones et grand lettré de son temps publie en 1751 sa « Dissertation sur les Revenants en corps, les Excommuniés, les Oupires ou Vampires , Brucolaque, etc » qui étudie le phénomène du vampirisme. Les vampires ,qui selon les régions, de la Moravie à la Bohême en passant par la Grèce, portent le nom d'Oupires, de Brucolaques, de Katanès ou de Vourdalaks viennent tourmenter les vivants et avant tout leurs parents et amis en leur suçant le sang.

La première affiche de la série est aussi l'affiche pour le plus célèbre film d'après-

Illustration 35:
DRACULA ET LES FEMMES / DRACULA HAS RISEN FROM THE GRAVE
Freddie Francis. 1968
11x8,5 inches / 28x22 cm
Photography / Photographie d'exploitation

by Murnau and Dracula by Tod Browning, according to Bram Stoker's novel. In Les maîtresses de Draula, submission to the master is complete and the willing victims practice proselytism and help bring future preys into the jaws of the vampire. (illustration 35: Dracula et les femmes). The most faithful adaptation of this novel remains the last one, Francis Ford Coppola's work, whose original title is: Bram Stoker's Dracula. In the Spanish poster, the vampire appears with his victim in "hell's door"

guerre concernant Dracula : *Le cauchemar de Dracula* dans la continuité du Nosfératu de Murnau et du Dracula de Tod Browning d'après le roman de Bram Stoker.

Avec *Les maîtresses de Dracula*, la soumission au maître est totale et les victimes consentantes font du prosélytisme et amènent les futures victimes dans les dents du vampire (illustration 35: Dracula et les femmes). La plus fidèle des adaptations du roman reste la plus tardive, celle de Francis Ford Coppola dont le titre original est Bram Stoker's Dracula. Dans l'affiche espagnole, *le vampire* apparaît avec sa victime dans « la porte de l'enfer » tandis que les autres protagonistes semblent statufiés. Dans ces 3 affiches, il est clair que le rapport que le vampire établit avec ceux ou celles qui s'abandonnent, non sans plaisir, à sa morsure est de nature amoureuse et sexuelle voire sado-masochiste. L'extase provoquée résulte de la simultanéité de l'accouplement et de la succion voluptueuse du sang. Comme on le lit en exergue de l'affiche française de la version de F.F. Coppola « L'amour est éternel » (illustration 36 : Dracula).

Un peu d'humour pour ce vampire du nouveau monde *El Vampiro*

LE CHATEAU DE L'HORREUR / TERROR ! IL CASTELLO DELLE DONNE MALEDETTE / TERROR CASTLE
Robert Oliver. 1974
63x47 inches / 160x120 cm
French poster / Affiche française

while the other protagonists seem petrified. In those three posters, it becomes clear that the relationship between the vampire and the ones who willingly, and not without pleasure, succumb to his bite is romantic and sexual (even perhaps sadomasochistic). The subsequent feeling of ecstasy stems from the simultaneous mating and from the voluptuous suction of blood. As quoted on the French poster of the F.F. Copppola's version, "Love is eternal" (illustration 36: Dracula). A little humor for this vampire of the New World *El Vampiro* who establishes this cinematographic genre in Mexico and is considered to be a reference in the movies that follow thereafter and even a model to productions such as *Le baiser du vampire* a few years later. Back in the family Hacienda in the Sierra Negra, home to a very attractive young lady and her meeting with Count Karol de Lavud – Duval, meeting which will eventually prove fatal to

qui établit ce genre cinématographique au Mexique et sert de référence à tous les films suivants et même de modèle à des productions comme *Le baiser du vampire* quelques années plus tard. Retour dans l'hacienda familiale dans la Sierra Negra d'une jeune fille très séduisante et la rencontre avec le Comte Karol de Lavud –Duval sera fatale à la belle héroïne. Sous l'influence du comte, sa propre tante, interprétée par la superstar cubaine du soap–opéra, Carmen Montejo, essaye de l'affilier au culte du vampire. Dans *Désirs de vampires* qui propose un scénario de la même veine, le Comte s'appelle Kernassy et la malheureuse jeune fille est remplacée par un groupe de cinq danseuses accompagnées de leur manager. Les variations de titre de cette production donnent le ton : The curse of the vampire, The playgirls and the vampire, pour la télévision américaine, mais aussi Les filles du vampire,, La dernière victime du vampire ou La dernière proie du vampire pour le cinéma. Comme c'est souvent le cas, la version européenne est moins prude que la version pour l'Amérique ; on y voit

DANS LES GRIFFES DE LA MOMIE / THE MUMMY'S SHROUD
John Gilling. 1967
63x47 inches / 160x120 cm
French poster / Affiche française

LE CAUCHEMAR DE DRACULA / HORROR OF DRACULA
Terence Fisher. 1958
63x47 inches / 160x120 cm
French poster / Affiche française

LES MAITRESSES DE DRACULA / BRIDES OF DRACULA
Terence Fisher. 1960
63x47 inches / 160x120 cm
French poster / Affiche française

the beautiful heroine. Under the direct influence of the Count, her own aunt, played by Cuban soap-opera superstar Carmen Montejo, tries to affiliate her to the Vampire's cult.

In Desires de vampires, a movie with a similar scenario, the Count's name is Kernassy and the poor young girl is replaced by a group of five dancers accompanied by their manager. These title's variations of this particular production really set the tone: The curse of the vampire, The playgirls and the vampire, for American television, but also Les filles du vampire, La dernière victime du vampire or La dernière proie du vampire made for the movies. As it often is the case, the European version is not as prude as its American counterpart; we even witness a topless scene. This particular movie met with some success and is considered to be the at the origin of vampire movies with an erotic twist. An author like Jean Rollin claims to represent this trend and his movies are invariably illustrated by Druillet, a master of

même une scène de topless. Ce film connut un certain succès et est considéré comme la source des films de vampires à dimension érotique. Un auteur comme Jean Rollin s'en réclame et les films de sa série sont toujours illustrés par Druillet, maître du gothique dans l'affiche de cinéma.

Le frisson des vampires, numéro trois d'une série de cinq, présente d'innocentes victimes, ici un jeune couple, égaré lors de leur lune de miel, dans un château habité par une horde de vampires. Certains personnages semblent plus soumis à l'influence du mouvement hippie des années 60 qu'au pompeux gothisme dans la tradition du genre. Erotisme à tout - va et un peu de saphisme agrémente ce film ainsi qu'une musique psychédélique qui donne du caractère à une production à très petit budget. Les affiches des Druillet donnent de l'unité à l'ensemble.

Changement de registre avec *Nosferatu, le fantôme de la nuit*, puisqu'il s'agit du remake d'un film considéré à juste titre comme un chef d'œuvre de l'histoire du cinéma, oeuvre de F.W Murnau directement tiré du roman de Bram Stoker en 1922. L'adaptation d'Henrik Galeen ne convenait pas à la veuve de Bram Stoker, Florence, qui intenta un procès à la maison de

gothic art in movie posters. Le frisson des vampires, the third one in a series of five, stars innocent victims, in this particular case, a young couple, who get lost during their honeymoon, in a castle filled with a horde of vampires. A few characters seem more influenced by the 1960's hippie movement than by the pompous gothic tradition of the genre. Eroticism, left, right and centre seems to be the norm, and a little bit of lesbianism enlivens this film along with a psychedelic soundtrack that gives character to this low-budget movie. Druillet's posters gives a sense of cohesion to the whole.

Change of scenery in Nosferatu, le fantôme de la nuit, since it is the remake of a movie that is considered, rightly so, a masterpiece in the history of cinema, a work by F.W Murnau directly interpreted from the 1922 novel by Bram Stoker. Bram Stoker's widow, Florence was not satisfied with Henrik Galeen's adaptation of the movie and started a lawsuit against the production company (Prana-Films) and eventually won her case in July 1925. The verdict, which ordered the destruction of all copies, was fortunately not put into effect and the movie came out again in 1930 under a bogus title: La douzième heure (illustration 37: Nosferatu, le vampire).

DRACULA / BRAM STOKER'S DRACULA / DRACULA
Francis Ford Coppola. 1992
39x27 inches / 100x70 cm
Spanish poster / Affiche espagnole

production (Prana-Films) et le gagna en juillet 1925. Le jugement qui ordonnait la destruction des copies ne fut heureusement pas exécuté et le film ressortit en 1930 sous un faux titre : La douzième heure (illustration 37 : Nosferatu, le vampire). La version dont nous présentons l'affiche est totalement fidèle à l'original. Tourné en décor naturel à Delft à la place de Viborg par Werner Herzog, cette version respecte la transposition Galeen-Murnau et son apport à l'expressionisme au cinéma. Cette « germanisation » du roman correspondait à des phénomènes précédemment décrits qui continuèrent avec plus d'intensité dans cette partie de l'Europe. En 1909, « un château de Transylvanie du sud est brûlée par la populace qui croyait qu'un vampire y habitant était la cause de l'accroissement de la mortalité infantile » « Neues Wiener Journal du 10 juin 1909 ».

C'est une situation de ce genre que l'on retrouve dans la dernière affiche de la sélection *L'orgia nocturna dei vampiri*. Une famille

The version illustrated on this poster is true to the original. Shot in a natural setting in Delft in lieu of Viborg by Wener Herzog, this version respects the Galeen-Murnau adaptation and its contribution to expressionism in the movies. This "germanization" of the novel tallies with earlier on described incidents which endured with even more intensity in this part of Europe. In 1909, "a castle in Southern Transylvania is burned down by the masses who believed that the vampire who lived there was the cause of the increased infant mortality rate" "Neues Wiener Journal, June 10, 1909."

We face a similar situation in the final poster of this selection, L'orgia nocturna dei vampire. A family of decadent aristocrats ruling over a village in the heart of Moravia, take on a group of poor and lost tourists. However, the shift, as it appears in the poster, is a novelty; this female vampire or goule knows how to behave like a man and to take initiatives. As we will see later on, if the dominating vampire is most often a male, when Satan appears, it is often in the guise of a woman.

LE BAISER DU VAMPIRE / THE KISS OF THE VAMPIRE
Don Sharp. 1963
21x13 inches / 53x33 cm
Belgian poster / Affiche belge

DESIRS DE VAMPIRE / L'ULTIMA PREDA DEL VAMPIRO / THE CURSE OF THE VAMPIRE
Piero Regnoli. 1962
12,5x20 inches / 31x50 cm
Belgian poster / Affiche belge

EL VAMPIRO / LES PROIES DU VAMPIRE / THE VAMPIRE
Fernando Mendez. 1957
41x27 inches / 104x69 cm
Mexican poster / Affiche mexicaine

LE SANG DU VAMPIRE / BLOOD OF THE VAMPIRE
Henry Cass. 1958
63x47 inches / 160x120 cm
French poster / Affiche française

LE FRISSON DES VAMPIRES / SEX AND THE VAMPIRE
Jean Rollin. 1970
63x47 inches / 160x120 cm
French poster / Affiche française

d'aristocrates décadents qui règnent sur un village de vampires au fond de la Moravie, s'en prend à un groupe de victimes, pauvres touristes égarés. Pourtant le renversement tel qu'il apparaît dans l'affiche est d'une grande nouveauté ; cette femme vampire ou goule sait se comporter en homme et prendre des initiatives. Nous verrons plus loin que si le vampire dominant est plutôt de sexe male, quand Satan apparaît, c'est souvent caché derrière la femme.

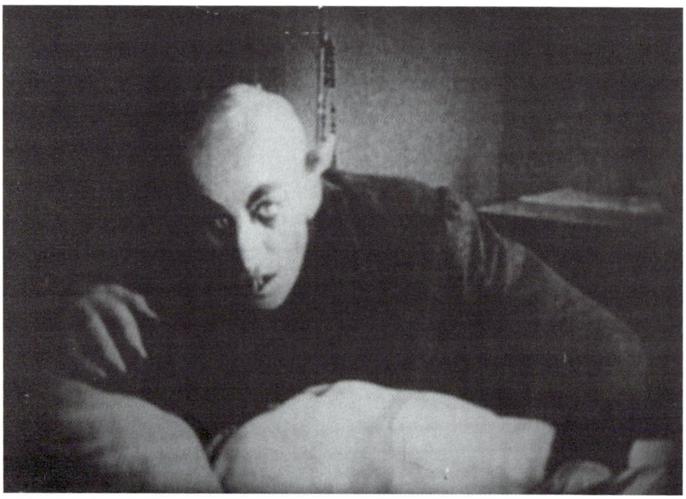

Illustration 37:
NOSFERATU LE VAMPIRE / NOSFERATU, EINE SYMPHONIE DES GRAUENS
Friedich Wilhelm Murnau. 1922
Photographie / photography

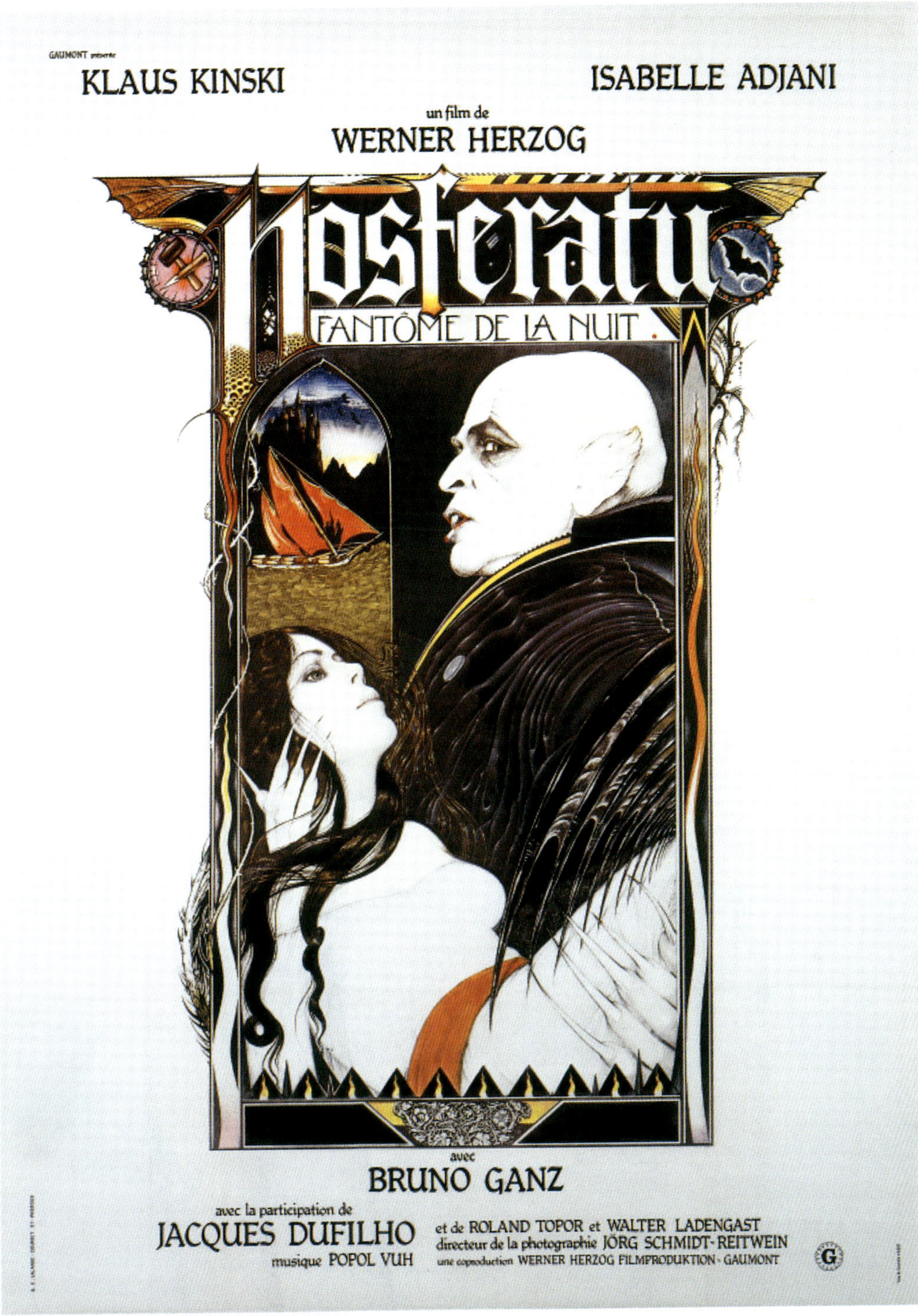

NOSFERATU FANTOME DE LA NUIT / NOSFERATU PHANTOM DER NACHT / NOSFERATU THE VAMPYRE
Werner Herzog. 1978
63x47 inches / 160x120 cm
French poster / Affiche française

L'ORGIA NOCTURNA DEI VAMPIRI / LA ORGIA NOCTURNA DE LOS VAMPIROS / THE VAMPIRES NIGHT ORGY
Léon Klimovsky. 1973
55x39 inches / 140x100 cm
Italian poster / Affiche italienne

Chapter VII: SATAN LEADS THE DANCE

Following a comprehensive overview of this gathering of posters, dedicated to horror, terror, fantasy and science fiction movies, we present a few more posters which really set the tone more accurately and unveil certain mysterious elements by visually introducing the Devil in person along with some of his more traditional representations.

However, before looking at Satan's appearances, let us take a look at the ones which have made a pact with him and of whose wrongdoings and turpitudes have illustrated the history of humanity: the witches. It is precisely the theme of the movie by Benjamin Christensen (1879-1959), Les sorcières (Heksen), which came out in France in 1921 under the following title: La sorcellerie à travers les ages. This movie was inspired by the painters of the Renaissance period such as Bosch, Cranach, Bruegel, Dürer or even the most famous painter and engraver from the Rhineland, Hans Baldung Grien (illustration 38: 3 sorcières). The underlying theme of the movie lies in the fact that man rejects all incomprehensible manifestations of life by passing them off as witchcraft and that all diabolical cults stem from a deep-seated sexual need. Thus, Benjamin Christensen

Chapitre VII : ET SATAN CONDUIT LE BAL

Au terme de ce panorama d'affiches consacrées aux films d'horreur, d'épouvante, de fantastique et de science-fiction, nous présentons encore quelques affiches qui annoncent la couleur de façon plus précise et soulèvent un coin du voile en introduisant dans le visuel le Diable en personne et quelques unes de ses représentations les plus traditionnelles.

Pourtant, avant de regarder les différentes apparitions de Satan, jetons un œil sur celles qui ont pactisées avec lui et dont les méfaits mais aussi les turpitudes ont illustré l'histoire de l'humanité : *les sorcières.* C'est le thème du film de Benjamin Christensen (1879-1959), Les Sorcières (Heksen) sorti en France en 1921 sous le titre "La sorcellerie à travers les ages". Ce film est inspiré par les peintres de la Renaissance comme Bosch, Cranach, Bruegel, Dürer ou encore le grand peintre et graveur rhénan, Hans Baldung Grien (illustration 38: 3 sorcières). La thèse du film est que l'homme rejette toutes les manifestations incompréhensibles de la vie en les mettant sur le compte de la sorcellerie et que tout culte diabolique émane d'un profond besoin sexuel. Benjamin Christensen condamne ainsi le puritanisme et l'intolérance.

Dans ces affiches, il s'agit souvent d'un patchwork des

Illustration 38:
TROIS SORCIERES
Hans Baldung Grien. 1514
Gravure / etching
Musée de l'Albertina. Vienne.

condemns Puritanism as well as intolerance.

In these posters, one is often faced with a patchwork of various representations of the Devil with his various attributes. The most common one of these is from the 12th century and portrays him in a human form, a hairy body, pointed and hanging ears, as well as forked feet. He is decked with big horns, a long tail and his hands are fitted with claws.(illustration 39: L'enfer). He is known under different names: Satan, the Enemy or the Bad One, Lucifer, the Brilliant One as an allusion to radiance he enjoyed prior to his fall or finally Belzebuth. The deposed angels or demons, on the other hand, have preserved a part of their skills which give them an inherent superiority on humans and which enables them to exert their power in the world in three different ways: they tempt men and endeavor to direct them towards evil, they can throw human faculties into a deep turmoil by way of obsession and possession, and they have a special power on material nature which allows them to produce wonders.

We find all of these characteristics spread out on the four posters represented here In Les vierges de Satan, everything is there, Satan's head, the Devil's eye, and the goat's foot, but also the specter of Death riding a diabolical winged horse as well as an evil skull. However, in this story, it is a demon named Mocata who confronts the Duke of Richelieu who wants to shield his niece from a satanic cult. The following two images are based on certain productions where eroticism or even pornography get the upper hand. In Los ritos sexuales del Diablo, the story takes place in England and the female protagonist has to deal with a satanic cult strongly smacking of sexuality and which has ensnared her companion. In La bimba di Satana, which was made into a now lost but clearly pornographic version, the female protagonist, possessed by the ghost of her own mother, entices all the castle's dwellers in order to more effectively kill them one by one. This

représentations du Diable avec ses attributs. La plus courante de celles-ci s'est fixé vers le 12 eme siècle et le représente avec une forme humaine, le corps velu, les oreilles pointues et pendantes et les pieds fourchus. Il porte de grandes cornes, est pourvu d'une longue queue et ses mains s'arment de griffes (illustration 39: L'enfer). Il porte différents noms : Satan, l'Ennemi ou le Mauvais, Lucifer, le Brillant par allusion à l'éclat des perfections dont il jouissait avant sa chute ou enfin, Belzébuth. Quant aux anges déchus ou démons, ils ont conservé une partie des dons qui leur donnent une supériorité sur les humains et peuvent ainsi exercer leur puissance dans le monde de trois façons : ils tentent les hommes et s'efforcent de les porter au Mal, ils peuvent jeter un trouble profond dans les facultés humaines par l'obsession et la possession, ils ont un pouvoir sur la nature matérielle au point de produire des prodiges.

On retrouve l'intégralité de ces caractéristiques réparties sur les quatre affiches présentées. Avec *Les vierges de Satan*, tout y est, la tête du démon, l'œil du Malin et le pied de bouc mais aussi le spectre de la Mort chevauchant un cheval infernal et ailé ainsi qu'un crâne maléfique. Pourtant dans cette histoire, c'est un démon nommé Mocata qui affronte le Duc de Richelieu qui veut soustraire sa nièce à un culte satanique.

Les deux images suivantes portent sur des productions où l'érotisme voire la pornographie prennent le dessus. Avec *Los ritos sexuales del diablo*, l'histoire se passe en Angleterre et l'héroïne se trouve en face d'un culte satanique à fort relent sexuel dans lequel son compagnon se trouve plongé. Dans *La bimba di Satana* dont il existe une version franchement pornographique mais disparue, l'héroïne possédée par le fantôme de sa propre mère aguiche tous les occupants du château afin de mieux les tuer les uns après les autres. La représentation diabolique et ses grandes ailes griffues entourant la jeune fille dénudée illustre la dialectique entre l'amour et la mort,

evil representation with its large clawed wings surrounding the bare young girl illustrates the dialectics between love and death, between Eros and Thanatos (illustration 40: La ballade de Lénore).

Must we conclude that the woman is an incarnation of Satan and not just his tool? We will well refrain from answering such a question (illustration 41: La tentatrice diabolique)

However, at this stage, it is important to go back to the origins; in other words the original sin. Eve, seduced by the snake, brings Adam down with her and finds herself at the source of all human misdeeds. It is the woman who is ultimately responsible for man's downfall and not the other way around. Other mythologies make reference to it. In the Talmudic tradition, the original myth adds another woman, Lilith, an altogether evil woman, on the opposite side of Eve. In the Greek mythology, it is Pandora, modeled in clay by Hephaistos (Vulcan), first woman and an awful curse set up in the midst of the mortals incarnates evil. Of course, the movie industry did capitalize on these two characters. (illustration 42, Pandora).

Whatever one may think, it is impossible not to notice that possession is a woman's characteristic and that the devil shows off the tip of his tail thanks to her. It is time to introduce the dream, or rather the nightmare. In Celui qui n'existait pas, the movie starts out with this confusion. Barbara Stanwyck, in her last major theatrical role, dreams that her dead husband is still alive. The dream soon turns into a nightmare and soon thereafter, we do not know whether the husband is indeed dead or still alive. Or perhaps she is simply going mad. In the cinematographic representation of this nightmare, including on the poster, it is the Devil who leads the dance under the guise of a ghost which comes to haunt the nights of the heroine (illustration 43: Le cauchemar).

At this stage, the interpretation of dreams opens the door to the unconscious and to the psychoanalysis and enables us to introduce the last image of this collection and to tie

entre Eros et Thanatos (illustration 40: La ballade de Lénore) .

Doit - on en conclure que la femme est une incarnation de Satan et non simplement son instrument? Nous nous garderons bien de répondre à une telle question (illustration 41: La tentatrice diabolique).

Pourtant à ce stade, il faut bien en revenir aux origines, c'est à dire au péché originel. Eve, séduite par le Serpent, entraîne Adam dans sa chute et se trouve à la source de tous les maux de l'humanité: c'est la femme, qui est pour l'homme, l'auteur de la faute. D'autres mythologies y font référence. Dans la tradition talmudique, le mythe originel s'enrichit d'une autre femme en la personne de Lilith, femme totalement maléfique et qui s'oppose à Eve. Chez les Grecs, c'est Pandora, modelée dans la glaise par Héphaïstos (Vulcain), première femme et terrible fléau installée au milieu des mortels et qui incarne le Mal. Bien entendu, le cinéma s'est emparé de ces deux personnages (illustration 42: Pandora).

Quoi qu'on en pense, force est de constater que la possession est affaire de femme et que le diable montre le bout de sa queue à travers elle. Il est temps d'introduire le rêve ou plutôt le cauchemar. Dans *Celui qui n'existait pas*, le film démarre sur cette confusion. Barbara Stanwyck, dans son dernier grand rôle théâtral, rêve que son mari mort est encore vivant. Le rêve tourne au cauchemar et bientôt on ne sait plus très bien s'il est mort ou vivant. Ou bien peut être est-elle simplement en train de devenir folle. Dans la représentation cinématographique du cauchemar, y compris dans l'affiche, c'est le diable qui mène la danse sous la forme d'un spectre qui vient hanter les nuits de l'héroïne (illustration 43: Le cauchemar).

A ce stade, l'interprétation des rêves ouvre la porte à l'inconscient et à la psychanalyse et nous permet d'introduire la dernière image de cette collection et de raccorder avec la grande histoire du cinéma. Dans le célèbre Cabinet du docteur Caligari, de Robert Wiene, de 1919, manifeste de l'Expressionisme au cinéma, le monstre

Illustration 39: L'ENFER
Hans Memling.c. 1480
Peinture sur bois / painting on wood
Musée des Beaux-Arts. Strasbourg.

everything up with the great history of cinema. In Robert Wiene's famous 1919 Cabinet du Docteur Caligari, a manifesto of Expressionism in the movies, the monster is merely a man. However, the screening of this movie where the decors and the expressionist game provoke a certain tension and latent exaltation is followed by psychic reactions such as anxiety and fear. The monster is a sleep-walker and murderer (Cesare's character being played by Conrad Veidt) manipulated under hypnosis by the diabolical Doctor Caligari (Werner Kraus) and who abducts a young man's fiancée (illustration 44: Das cabinet des Dr Caligari). But the scenario's story is more complex. The two authors, Carl Mayer and Hans Janowitz came, one from Gratz in Austria, the other from Prague, cradle of Golem and the Night of Walpurgis, two famous masterpieces by Gustav Merynck, their friend and contemporary. The

Illustration 40: LA BALLADE DE LENORE
Horace Vernet. 1839
Huile sur toile / oil on canvas
Musée des Beaux-Arts de Nantes

n'est qu'un homme. Pourtant inquiétude et terreur sont les réactions psychiques que suscitent la vision de ce film où les décors et le jeu expressionistes provoquent une tension et une exaltation latentes. Le monstre est un somnambule assassin (le personnage de Cesare interprété par Conrad Veidt) manipulé sous hypnose par le démoniaque Docteur Caligari (Werner Kraus) qui enlève la fiancée d'un jeune homme (illustration 44 :Das cabinet des Dr Caligari). Mais l'histoire du scénario est plus complexe. Les deux auteurs, Carl Mayer et Hans Janowitz, venaient l'un de Gratz en Autriche et l'autre de Prague, ville du Golem et de La nuit de Walpurgis, œuvres célèbres de Gustav Merynck, leur ami et contemporain. Le scénario original comptait le déroulement d'horreurs réelles alors que la version finale du film transforma ce déroulement en une chimère conçue et narrée par un malade mental. Ainsi le récit central est encadré de deux scènes qui se passent dans un hôpital psychiatrique où les personnages du film sont internés, le somnambule, la jeune fille et surtout son amoureux qui raconte l'étrange aventure. C'est

HEKSEN / WITCHCRAFT THROUGH THE AGES / LA SORCELLERIE A TRAVERS LES AGES
Benjamin Christensen. 1922
33x24 inches / 84x61 cm
Danish poster / Affiche danoise

Illustration 41: LA TENTATRICE DIABOLIQUE
Cecilio Pla Gallardo. 1er juillet 1900
Couverture pour le magazine "Blanco y negro" / magazine cover

lui qui perçoit le directeur de l'asile comme un fou dangereux, alors que celui-ci explique à ses élèves, qu'ayant découvert la névrose du jeune homme, il parviendra à le guérir. Le port de lunettes cerclées d'écailles permet le passage du directeur-psychiatre au personnage de Caligari. Ainsi à une histoire qui exposait la folie inhérente à l'autorité, on substitue une histoire qui glorifie cette même autorité : un film révolutionnaire est transformé en une production conformiste.

La boucle est bouclée, et les pulsions d'amour comme de mort, ne sont plus le fait du Diable mais la manifestation de l'inconscient. De là à penser que le Diable est en nous ! Pour Sigmund Freud (1856-1939), qui s'est intéressé à cette question, il s'agit avant tout de la promotion de l'individu face au collectif. Dans la Vienne , fin de siècle, terreau de la modernité et lieu d'émergence des sciences sociales et de la psychanalyse, Sigmund Freud joue le rôle de passeur d'un univers mental à un autre. Pour lui les sciences humaines sont en quelque sorte les filles du Diable, issues des décombres

original scenario exposed real life horrors while the final version of the movie transformed this development into a chimera conceived and narrated by a mentally ill individual. As such, the central narrative is framed by two scenes which take place in a psychiatric ward where the movie's characters are institutionalized, the sleep-walker, the young girl and especially her lover who tells the strange story. It is him who realizes that the hospital's director is a dangerous madman while the director tells his students that having discovered the young man's neurosis, he will now be in a position to cure him. Wearing horn-rimmed glasses enables the director-psychiatrist to easily become Caligari's character. As such, one substitutes a story which lauds authority to another story which exposes the madness inherent to this very authority: a revolutionary movie is transformed into a conformist production.

Illustration 42:
PANDORA / PANDORA AND THE FLYING DUTCHMAN
Albert Lewin. 1951
160x120 cm / 63x47 inches
Affiche française / french poster

LES VIERGES DE SATAN / THE DEVIL RIDES OUT
Terence Fisher. 1968
63x47 inches / 160x120 cm
French poster / Affiche française

Illustration 43: LE CAUCHEMAR
Langlumé. 1823
Lithographie / lithography

The knot is tied, and love as well as death drives are no longer the Devil's deeds but the manifestation of the unconscious. From such, to think that the Devil is within us! For Sigmund Freud (1856-1939) who was interested by this very dilemma, it is first and foremost a matter of the furtherance of the individual against the collective. In the end of the century Vienna, a compost of modernity and the birthplace of social sciences and psychoanalysis, Sigmund Freund plays the part of a ferryman from one mental universe to the other: for him, human sciences are in some ways the Devil's daughters, arising from the satanic myth's rubbish, soon replaced by the unconscious. The devil therefore represents the unconscious and repressed forces around which a childish and perverted sexuality organizes itself. Referring to a specific satanic pact in Austria in the 17th century, he wrote: "A diabolical neurosis in the 17th century" in order to study demonology, "For us, the devils are evil, condemned desires stemming from repressed and subdued impulsions. We simply set aside the projection of these psychic creations into the outside world as done in the Middle Ages ; We let them arise in the inner world of the sick where they reside."
Let us stop there with the quotations and ask us about the situation as of today? To come back to our subject, why are these movies a constant element of Western production in the movie industry? Far from being out of breath, the creative vein has been considerably increasing, winning the hearts and minds of the audience and taking on new forms. Is the world's disenchantment, which marks the end of the 19th century at the time of the birth of psychoanalysis and cinema being replaced at the end of the 20th century by a return to the devil following an appeasement period and the domestication of darkness? We can only notice that at the end of this century, the Devil makes a strong comeback: in the

Illustration 44: DAS CABINET DES Dr CALIGARI / THE CABINET OF Dr CALIGARI / LE CABINET DU DOCTEUR CALIGARI
Robert Wiene. 1919
Photographie / photography

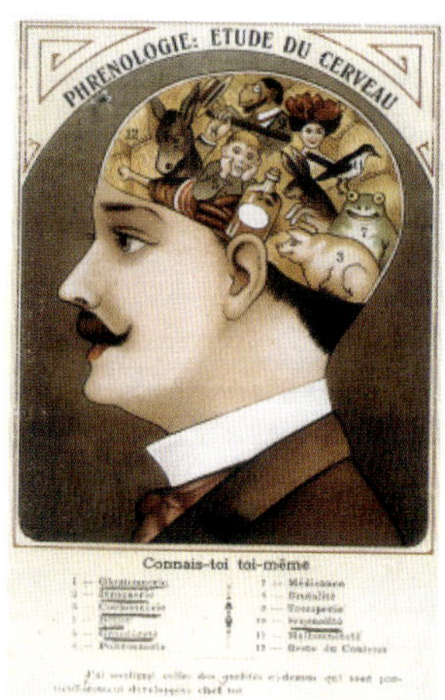

Illustration 45:
PHRENOLOGIE: ETUDE DU CERVEAU
Fin 19eme siècle.
Gravure / etching

LOS RITOS SEXUALES DEL DIABLO / BLACK CANDLES
José Ramon Larraz. 1980
39x27 inches / 100x70 cm
Spanish poster / Affiche espagnole

LA BIMBA DI SATANA / SATAN'S BABY DOLL
Mario Bianchi. 1980
28x13 inches / 71x33 cm
Italian poster / Affiche italienne

movies, but also everywhere else with the development of Satanism in its new but also in its archaic forms and with the increasing influence of sects which provide the Devil with a renewed sense of being. Can we say, in the way of a Caprice by Goya, that "the dormant state of reason breeds monsters"? Thanks to Phrenology which is the study of the localization of the cerebral functions of the brain, one will perhaps be able

du mythe satanique bientôt remplacé par l'inconscient. Le démon représente alors les forces inconscientes et refoulées autour desquelles s'ordonnent une sexualité infantile et perverse. A propos d'un cas de pacte satanique en Autriche au 17eme siècle, il écrivit « Une névrose démoniaque au 17eme siècle » afin d'étudier la démonologie : « Pour nous, les démons sont des désirs mauvais, réprouvés, découlant d'impulsions repoussées, refoulées. Nous écartons simplement la projection que le Moyen-Age avait faite de ces créations psychiques dans le monde extérieur ; nous les laissons naître dans la vie intérieure des malades où elles résident ».

Arrêtons là les citations mais qu'en est-il aujourd'hui ? Pour revenir à notre sujet, pourquoi ces films sont – ils une constante de la production occidentale au cinéma ? Loin de s'essouffler, la veine créative s'est considérablement amplifiée, gagnant tous les publics et prenant des formes nouvelles. Le désenchantement du monde qui marque la fin du 19 eme siècle au moment de la naissance de la psychanalyse mais aussi du cinéma est-il remplacé à la fin du 20 eme siècle par un retour du démon après une période d'apaisement et

one day to locate the origin of Evil in humans! An old, but still relevant idea, which has nevertheless led to major aberrations all throughout the 20th century and is ready to always serve, at least in the movies (illustration 45: Phrénologie: Etude du cerveau).

CELUI QUI N'EXISTAIT PAS / THE NIGHT WALKER
William Castle. 1964
21x14 inches / 53x35 cm
Belgian poster / Affiche belge

DAS CABINET DES Dr CALIGARI / THE CABINET OF Dr CALIGARI / LE CABINET DU DOCTEUR CALIGARI
Robert Wiene. 1919
50x37 inches / 127x95 cm
German poster / Affiche allemande

d'apprivoisement des ténèbres ? On ne peut que constater qu'en cette fin de siècle, le Diable fait un retour en force: au cinéma mais partout ailleurs avec le développement du satanisme dans ses formes nouvelles mais aussi archaïques et avec la montée de l'influence de sectes qui redonnent une forte actualité au Démon.

Peut - on dire à la manière d'un Caprice de Goya: « le sommeil de la raison engendre des monstres »? Grâce à la Phrénologie qui étudie la localisation des fonctions cérébrales dans le cerveau, on pourra peut-être un jour repérer l'origine du Mal chez les humains! Une idée ancienne mais toujours d'actualité et qui pourtant a conduit à de grandes aberrations au cours du 20 eme siècle mais est prête à servir toujours en tout cas au cinéma. (illustration 45 :Phrénologie: Etude du cerveau).

INDEX OF THE REPRODUCED POSTERS
INDEX DES AFFICHES REPRODUITES